Margarine, Karpfen und eine weltberühmte Biene

Impressum

Bildnachweis:

1 Gedenktafel Waldemar Bonsels – Foto Albrod S. 8

2 Filmszene „Der grüne Bogenschütze" – Kreisarchiv Stormarn S. 11

3 Massenhochzeit Bölck – Stadtarchiv Bad Oldesloe S. 16

4 Mammutbaum – Foto Albrod S. 19

5 Professor Bernd Heinrich – Foto Familie Droege S. 22

6 Beatles Tremsbüttel – Foto Schlosshotel Tremsbüttel S. 24

7 Blaues Haus OD – Foto Albrod S. 28

8 Faltblatt Fadum – Amtsarchiv Trittau S. 31

9 Bild Krischan Thegen – Foto Susanna Fofana/Heimatmuseum Bad Oldesloe S. 32

10 Gottesbuden – Foto Albrod S. 36

11 Misswahl Reinfeld – Kreisarchiv Stormarn S. 39

14 Erdbeere: Gewächshaus Sengbusch – Kreisarchiv Stormarn S. 48

15 Herrenhaus Jersbek – Foto Albrod S. 52

16 VVB – Foto Verschönerungsverein Bargteheide S. 54

17 Werke Kuöhl – Foto Albrod S. 62

18 Winterliches OD – Kreisarchiv Stormarn S. 66

19 Hexenprozess Trittau – Kreisarchiv Stormarn S. 69

20 Karpfenfest Reinfeld – Kreisarchiv Stormarn S. 72

21 Haus der Natur – Foto Albrod S.

ullstein bild: Titelbild (Imagebroker.net), S. 42 (Archiv Gerstenberg)

1. Auflage 2011

Alle Rechte vorbehalten, auch die des auszugsweisen Nachdrucks und der fotomechanischen Wiedergabe.

Layout: Attila Jo Ebersbach, Kassel

Druck: Thiele & Schwarz, Kassel

Buchbinderische Verarbeitung: Buchbinderei Büge, Celle

© Wartberg Verlag GmbH & Co. KG

34281 Gudensberg-Gleichen, Im Wiesental 1

Telefon (0 56 03) 9 30 50

www.wartberg-verlag.de

ISBN: 978-3-8313-2287-9

Inhalt

Vorwort

Stormarn ist ein Landkreis, der immer gut vom „Dazwischen" gelebt hat. Er liegt zwischen Nord- und Ostsee und zwischen den bedeutenden Städten Hamburg und Lübeck. Von ihnen hat er stets einiges an Glanz und Größe abbekommen. Alle wichtigen Handelswege führten zu Lande und zu Wasser durch den Kreis. Früher rollten die Wagen der Kaufleute durch Bargteheide und Bad Oldesloe in die Hansestädte, und unterwegs machten sie Halt. So entstanden entlang der Handelswege größere Ortschaften, die mit eigenem Markt und Utspann-Stationen für die Gespanne an Bedeutung gewannen. Der ländliche Charakter Stormarns wurde im Umfeld der großen Städte zum gefragten Naherholungsgebiet, gleichzeitig ist die Weite der Landschaft mit Feldern, Knicks und Wäldern bis heute sowohl touristische Attraktion als auch wertvolles Anbaugebiet für Lebensmittel und Lebensraum für manche selten gewordene Tierart. Gespickt mit alten Herrenhäusern, durchzogen von Beste und Trave, aber auch durch Autobahnen und Bahnnetz gut erschlossen, ist Stormarn bis heute für Wirtschaft, Einheimische und Touristen interessant. Im Umfeld von Graf Schimmelmann auf Schloss Ahrensburg, Bendix von Ahlefeld in Jersbek oder von Matthias Claudius aus Reinfeld blühte die Kultur im Kreis, die einerseits kreisüberschreitend Bedeutung und andererseits die Pflege der Heimatkunde und -kultur nie aus dem Blick verloren hat.

Wo sich einerseits Fuchs und Hase Gute Nacht sagen, reckt sich andererseits als Wappentier der Schwan: Das Wappen zeigt den kampfbereiten Schwan mit der Krone um den Hals seit dem späten 15. Jahrhundert im Siegel des dänischen Königshauses für die Landschaft Stormarn, und damit gehört es zu den ältesten Kreiswappen Deutschlands. Der Stormarner Schwan ist der einzige, der die Krone trägt, wenn auch nicht auf dem Kopf, sondern um den Hals. Die Herkunft des Motivs ist ungeklärt, vermutlich soll es die Wehrhaftigkeit der Stormarner zeigen, die sich im Laufe der Geschichte gegen manchen Angriff behauptet haben. Dann wieder kann es die Abhängigkeit Stormarns von einem königlichen Herrscherhaus zeigen.

Stadt, Land und Fluss haben den Kreis geprägt, der es geschafft hat, städtischen Glanz und ländliche Schönheit parallel zu erhalten und zu entwickeln. Kommen Sie mit auf eine literarische Reise durch diese reizvolle Region.

Bettina Albrod

Und diese Biene, die ich meine ...

Die Sache mit den Bienchen und den Blümchen kennt heute jedes Kind: Seit mehr als 30 Jahren fliegt die Biene Maja über den Bildschirm, und schon unsere Großeltern wurden mit der literarischen Honigbiene groß. 1912 schrieb Waldemar Bonsels seinen Bestseller „Die Biene Maja und ihre Abenteuer". Geboren wurde Bonsels in einer Apotheke in Ahrensburg, an die in der Stadt noch eine Gedenktafel erinnert. 1880 war seine Familie nach Ahrensburg gezogen, damals noch Landgemeinde, wo sein Vater Reinhold Bonsels die Adler-Apotheke erworben hatte. Die „Biene Maja" wurde bis heute in 41 Sprachen übersetzt und bringt als Film, Hörspiel, Musical, Comic und Computerspiel auch die Kassen zum Summen – und die Fans sowieso, die Karel Gotts Titelmelodie lieben.

Damals war Bonsels 32 Jahre alt, wollte etwas Lehrreiches und Lustiges für seine Kinder schreiben und verarbeitete mit der unternehmungslustigen Biene wohl auch seine Streifzüge entlang des Bredenbeker Teichs aus Kindertagen. An die wird er sich nur schwach erinnert haben, denn schon als Vierjähriger zog Waldemar Bonsels nach Berlin, wo sein Vater Zahnmedizin studierte, um später in Kiel eine Praxis zu eröffnen.

Bronze-Relief zur Erinnerung

Geblieben sind eine Straße in Ahrensburg, die schon 1932 nach ihm benannt wurde, und ein Bronze-Relief, welches das bienenumsummte Haupt des Schriftstellers zeigt. Es erinnert an der Wand der heutigen Sparkasse an das Geburtshaus Waldemar Bonsels' in der Hamburger Straße, das heute nicht mehr steht.

Ähnlich wie die Biene Maja, die durch ihre abenteuerliche Insektenwelt streift und immer neue Herausforderungen sucht, erging es auch ihrem Schöpfer Waldemar

Bonsels. Schon als 17-Jähriger verließ er das Gymnasium in Kiel, um lieber in die Welt zu ziehen. „Auf der Schule in Kiel brachte ich es durch die leidenschaftlichen Bemühungen meines Vaters bis zur Sekunda und überließ mich von da an den Unbilden des Lebens zu meiner weiteren Bildung", zitiert ein Blatt im Ahrensburger Stadtarchiv den Schriftsteller. Eine Ausbildung zum Missionskaufmann führte ihn zunächst nach Indien, das ihm 1916 nach unbeachteten jugendlichen Schauergeschichten zu seinem ersten Bestseller „Indienfahrt" verhalf. Es folgten Brasilien, Ägypten, Nordamerika und immer wieder neue Reisen. Nach einem Zwischenspiel bei der Londoner „Times" entschloss sich Bonsels, in München einen eigenen Verlag zu gründen, in dem unter anderem Werke von Heinrich und Thomas Mann veröffentlicht wurden.

Der Lübecker Arzt Jürgen Schwalm hat der Geschichte Bonsels' nachgespürt: Nach dem Ersten Weltkrieg, den Waldemar Bonsels als Kriegsberichterstatter in Galizien und Estland verbrachte, ließ er sich in Ambach am Starnberger See nieder. Nachdem eine kurze Jugendehe geschieden worden war, war Bonsels seit 1909 mit Lise Ostermeyer verheiratet. Das hielt ihn nicht davon ab, 1919 eine leidenschaftliche Beziehung mit der Tänzerin Edith von Schrenck einzugehen, aus der ein Sohn hervorging, wie Anna Mühlberger in ihrem Beitrag über die Tänzerin schreibt. Dieser wuchs zunächst bei Waldemar Bonsels' Frau und seinen beiden anderen Söhnen auf, bis 1926 auch diese Ehe geschieden wurde.

Disney-Angebot abgelehnt

Bonsels war aufgrund seines Erfolgs des Biene-Maja-Buches finanziell unabhängig. Er avancierte zu einem der meistgelesenen Autoren der Zwanzigerjahre in Deutschland und konnte es sich leisten, in den 30er-Jahren ein Angebot Walt Disneys abzulehnen, die „Biene

Relief am Geburtshaus Waldemar Bonsels' in der Hamburger Straße (heute Sparkasse).

Maja" als Zeichentrickfilm herauszubringen. Erst seine Witwe stimmte 1974 zu, dass der ehemalige Disney-Mitarbeiter Marty Murphy die Figur für eine japanische Produktion zeichnerisch umsetzen durfte. Allerdings soll es laut Schwalm schon 1924 einen Biene-Maja-Stummfilm von Oscar Horney, dem Vater der Schauspielerin Brigitte Horney, gegeben haben, mit dem Bonsels befreundet war. 1931 heiratete Bonsels mit 51 Jahren in dritter Ehe die 17-jährige Rose-Marie Bachofen, die nach dem Tod Bonsels' 1952 zu dessen Nachlassverwalterin wurde. Mit ihr durchlebte er die schwierigen Jahre des Nationalsozialismus, dem Waldemar Bonsels zwiespältig gegenüberstand.

1932 kam Waldemar Bonsels zur Feier seines 50. Geburtstages noch einmal nach Ahrensburg, um dort einen Festvortrag zu halten – wer nachrechnet, wird sehen, dass es in Bezug auf Bonsels wahres Geburtsjahr Verwirrung gab. Im Stadtarchiv finden sich viele Blätter und Zeitungsartikel zu Waldemar Bonsels, der nach dem Fest nicht mehr in seine Geburtsstadt zurückkehrte.

Die Biene Maja überflügelt das Gesamtwerk

Seit 1977 existiert die Waldemar-Bonsels-Stiftung, die in den „Ambacher Schriften" das Werk Bonsels' literaturwissenschaftlich aufarbeitet. Bis in die 40er-Jahre hinein brachte Bonsels alle ein bis zwei Jahre ein neues Buch auf den Markt. Wirklich im Gedächtnis geblieben ist bis heute nur die Biene Maja. Das ist ein Grund, weshalb der Autor seine frühe Eingebung bisweilen verwünscht haben soll, weil dadurch die Wirkung seiner Bücher, die ihm selbst wichtiger waren, überschattet wurde – die Biene Maja überstrahlt sein Gesamtwerk.

Das füllt zehn Bände, gleichwohl war es Maja, die bis zur Neuzeit überlebte. Sie begeistert vor allem Kinder durch ihre Abenteuer in der Natur mit der Spinne Thekla, der Stubenfliege Puck, und allen voran mit ihrem Freund Willy, der für den Film dazuerfunden wurde. Kein Wunder, dass Stormarn sein Herz für Bienen entdeckt hat. Ganz unabhängig von der Biene Maja hat sich 1965 in Bargteheide das Unternehmen Langnese angesiedelt, das den beliebten Bienenhonig von da aus in die Welt vertreibt.

Und auch Ahrensburg pflegt die Liebe zur Biene, die nicht nur unterhaltsam, sondern vor allem nützlich ist: Seit 1983 gibt es einen gemeinnützigen Verein, der einen „Bienen-Lehr- und Schaugarten" in der „Bagatelle" neben dem Ahrensburger Schloss unterhält. Hier werden nicht nur Bienen gezüchtet und von Imkern versorgt, sondern eine Ausstellung informiert auch mit viel Anschauungsmaterial über die nützlichen Insekten, die einen Sohn Ahrensburgs weltbekannt gemacht haben. Maja fliegt übrigens noch heute um die Welt: 1998 brachte die Post Biene Maja als Briefmarke heraus.

Ein Schloss wird zum Filmstar

Den Namen Edgar Wallace verbindet jeder Krimiliebha-
ber mit spannenden Mordgeschichten, bei denen gars-
tige Halunken im nebligen England um Häuserecken
schleichen, um ihre Opfer um selbige zu bringen. Aber
nicht immer sind es englische Schlösser, in denen die
Unglücklichen dran glauben mussten: 1960 produzierte die Rialto-Film GmbH unter anderem in Ahrensburg
den Edgar-Wallace-Klassiker „Der grüne Bogenschütze". Damals waren es Gert Fröbe, Karin Dor und Eddie
Arent, die unter der Regie von Jürgen Roland durch die
denkmalgeschützten Räume des Ahrensburger Schlosses strichen. Gedreht wurde in Hamburg und Schleswig-Holstein, wo auch der Marstall der Schlossstadt als
Kulisse diente. Wenn also die Käuzchen im Krimi rufen,
dann tun sie das auf Deutsch.
Sie ließen sich von den Dreharbeiten nicht verschre-
cken, die Einwohner von Ahrensburg dagegen schon.
„Doch fragt die Bevölkerung besorgt, ob im Zusammen-
hang mit diesen Filmaufnahmen alles getan wird, um
das wertvolle Inventar zu schützen", schrieb eine Ta-
geszeitung am 23. Dezember 1960 unter der Überschrift
„Schloß Ahrensburg wird in Flammen stehen".

Museum und Filmkulisse
Das Ahrensburger Schloss, Ende des 16. Jahrhunderts
von Peter Rantzau gebaut und bis Mitte des 18. Jahrhunderts im Besitz der Grafen von Schimmelmann,
diente da längst als Museum adeliger Wohnkultur. Doch
die Sorge der Zeitung war unbegründet. Auch wenn
Rauchbomben den Zuschauern täuschend echt ein Feu-
er vorspiegelten und der grüne Bogenschütze im Blut-
rausch durch die Räume schlich: An seinen Füßen trug
er vorschriftsmäßig Filzpantoffeln, um die wertvollen
Böden nicht zu ruinieren. Der „harte Krimi", wie ihn die

Dreharbeiten zu „Der grüne Bogenschütze",1960.

„Lübecker Nachrichten" nannten, verlangte es, dass die Halle des Schlosses mit Scheinwerfern, Kameras und Kabeln ausgestattet wurde, „die zwischen den vergoldeten Pferdehalftern des Grafen Schimmelmann standen", so der Artikel weiter.

Es wurde alles getan, um das wertvolle Inventar zu schützen, nur einen Pfeiler vor dem Schloss erwischte es. In einer Filmszene sollte ein Darsteller aus dem Schloss rennen, in ein vor dem Landsitz geparktes Auto springen und in voller Fahrt davonsausen. Dabei kriegte er die Kurve nicht, streifte den steinernen Pfeiler und beschädigte neben dem Kotflügel auch noch ein paar der technischen Geräte. Grund für den Unfall: Wegen der kurzen Strecke wurde das Auto samt Schauspieler für die überstürzte Flucht mit einem Seil gezogen. In der Eile hatte der Darsteller die Bremse nicht gefunden.

Christa Reichardt aus Ahrensburg ist der Filmgeschichte des Schlosses nachgegangen, das auch 1959 schon Schauplatz für einen Krimi gewesen war. „Long Distance" hieß ein Film mit Eddie Constantine um eine Grafentochter, die in den letzten Kriegstagen verzweifelt ihren Familienschmuck sucht, und das im Ahrensburger Schloss. Norbert Fischer und Barbara Günther schildern in ihrem Buch eine Szene aus dem englischen Spionagefilm, bei der neben viel Blut und einem Trenchcoat auch der Gartensaal des Schlosses eine Hauptrolle spielt. Schon 1957 war Grethe Weise für „Lemkes selige Witwe" im Schloss aktiv. „Ein Jahr nach den Dreharbeiten zu ‚Der grüne Bogenschütze' entstieg Brigitte Grothum als ‚Die seltsame Gräfin' mit Pistolen bewaffnet dem Dielenschrank des Schlosses", beschreibt Christa Reichardt in ihrem Buch.

Beliebter Drehort bis heute

Seitdem hat das Schloss noch häufiger im Rampenlicht gestanden. „Onkel Bräsig erzählt" hieß eine Regionalsendung Ende der 70er-Jahre, die sich ebenfalls Schloss Ahrensburg als Drehort gewählt hatte. Noch später suchten sich adelige Darsteller das adelige Schloss als Hintergrund aus: Im Schloss wurde zwischen 2002 und 2007 die ZDF-Serie „Der Fürst und das Mädchen" gedreht. Daniela Ziegler spielte darin an der Seite von Maximilian Schell. Haben Sie mal „Die Albertis" gesehen, die Familienserie mit den Problemen, die jeder aus seinem Alltag kennt? Auch die wurde 2003 im Ahrensburger Schloss gedreht. Die „Alte Volksdorfer Landstraße", in der das Haus des Alberti-Clans steht, gibt es in Ahrensburg gar nicht – die Adresse wurde für den Film erfunden. In den Zeiten, als das Wünschen noch geholfen hat, ist das Grimmsche Märchen „Das tapfere Schneiderlein" angesiedelt, das 2008 für den NDR- Weihnachtsmehrteiler „Sechs auf einen Streich" gedreht wurde. Das malerische weiße Herrenhaus in Stormarn wirkt so märchenhaft, dass es dafür die ideale Kulisse war.

Konkurrenz bekommt das Ahrensburger Schloss als Drehort allmählich von Schloss Grabau im Norden des Kreises. Das düstere Herrenhaus, das nach häufigen Besitzerwechseln langsam verfällt, diente bei den Dreharbeiten zu „Sergeant Pepper" als Kulisse, in der der tierische Titelheld hechelnd durch den Schlosspark rennt. Armin Rohde und Katja Riemann waren bei „Up! Up! To the Sky" in Grabau dabei. Wenig später entstand „Das Herz ist ein dunkler Wald" von Nicolette Krebitz ebenfalls in Grabau. Tom Tykwer und Nina Hoss wandelten da, wo auch der Hund „Sergeant Pepper" schon gewesen war, ehe das Gruselgewerbe den Ort entdeckte. Ein Zombie-Trash-Film verwandelte den Schlosspark in einen Friedhof mit Styropor-Grabsteinen, aus denen die Untoten krochen, um mit Kunstblut um sich zu werfen, und später war es „Der Gonger", der in Grabau sein Unwesen trieb. So kommt es, dass Stormarn seit Jahrzehnten auf der Leinwand vertreten ist, auch wenn die Geschichten wie bei Edgar Wallace eigentlich in England spielen.

Massenhochzeit in Bad Oldesloe

Eigentlich ist eine einzige Hochzeit schon eine ziemlich teure Angelegenheit, aber in Bad Oldesloe hat der Unternehmer und Margarinekaufmann Friedrich Bölck gleich zwölf Hochzeiten auf einmal bezahlt: Der Kaufmann, der mit Produktion und Verkauf von Margarine und später auch von Milch, Kaffee und Wurstprodukten reich wurde und zeitweise 5000 Angestellte beschäftigte, freute sich so über die Eheschließung seines Sohnes Walter 1927, dass er seinen Angestellten anbot, auch ihre Hochzeit zu finanzieren, wenn sie am selben Tag heiraten würden. Elf weitere Paare fanden sich, und so kam es zu einer Massenhochzeit, bei der sich zwei Dutzend Heiratswillige im Bad Oldesloer Kurhaus das Ja-Wort gaben.

Feinkostgeschäfte deutschlandweit
Friedrich Bölck war nicht nur ein Freund der Ehe, er hatte auch als einer der Ersten die lukrative Idee, seine Waren mit einem Rabattmarken-System zu kombinieren. 1887 in Lensahn geboren, machte Bölck sich früh als Kaufmann selbständig, wobei er auf Frische und Qualität seiner Lebensmittel achtete. 1907 eröffnete er in Bad Oldesloe in der Mühlenstraße ein Feinkostgeschäft, das bald zur Zentrale eines deutschlandweiten Netzes von über 60 Filialen wurde. Allen voran begründete die rot-weiß-blaue Packung der Bölck-Margarine seinen Erfolg. Für die Margarineproduktion errichtete Bölck in Bad Segeberg eine eigene Fabrik. 1926 ließ er in der damaligen Lorentzenstraße in Oldesloe ein Gebäudeensemble errichten, das aus einem Direktions-, einem Kontorgebäude und einer Kaffeerösterei bestand. Später kam noch eine Schlachterei dazu. Heute beherbergen die Klinkerbauten unter anderem das Deutsche Rote Kreuz und die Theodor-Storm-Schule. Letztere

war 1926 als Hauptkontor des Lebensmittelunternehmens errichtet worden. Im Erdgeschoss wurde der großzügige, etwa 300 Quadratmeter messende Kontorraum 1927 vom Itzehoer Künstler Wenzel Hablik mit expressionistischen Deckenmalereien ausgestaltet. Das seltene Dokument der „Farbbegeisterung" der 1920er-Jahre wurde bei den jüngsten Bauarbeiten wiederentdeckt. Auch im Obergeschoss gibt es Malereien von Hablik.

Legendäre Feste
Als besonderes Geschäftskonzept erfand Bölck schon 1921 ein Direktverteilersystem, bei dem er mit über 3000 Verteilern Hausfrauen direkt an der Haustür mit seiner Margarine belieferte. In Bad Segeberg und Wunstorf bei Hannover produzierten seine Fabriken in den Zwanzigerjahren wöchentlich 1,5 Millionen Pfund Margarine.
Mit seinen Geschäftsideen wurde er ein schwerreicher Mann. Gleichzeitig liebte er die Geselligkeit und kümmerte sich als engagierter Sozialdemokrat gut um seine Belegschaft. Der „Spiegel" berichtete 1956: „Ältere unter den heute noch radelnden Bölck-Verteilern erinnern sich noch an die Bier- und Sektfeste, die der alte Bölck viermal im Jahr für seine Boten im jeweils exklusivsten Hotel des Bezirks gab. Nicht eben zum Entzücken der Hoteliers ließ der Millionär seine Verteiler auf ihren Margarine-Fahrrädern anrollen, die in langer Reihe vor der Hotelauffahrt zusammengestellt wurden. Im luxuriös ausgestatteten Foyer zogen sich dann die Boten die Fahrradklammern von den Hosen." Auch war er für seine Exzentrik bekannt und konnte einem Wildfremden, den er sympathisch fand, kurzerhand ein Auto schenken.
Friedrich Bölck legte sein Geld in den 20er-Jahren gut an, indem er mehrere Herrenhäuser in der Gegend kaufte. Die Güter Basthorst bei Schwerin, Trenthorst und Wulmenau zählten dazu, und als seine Tochter Mimi

Massenhochzeit in Bad Oldesloe, 1927.

heiratete, richtete er ihr und ihrem Ehemann das Gut
Lasbek ein. Auf Trenthorst zeugen bis heute die Glas-
fenster im Herrenhaus mit Motiven der Margarineproduktion vom einstigen Hausherrn. Auch Gut Grabau
und Gut Borstel gingen in seinen Besitz über.
Doch nutzte Bölck seinen Besitz nicht nur für sich, sondern stellte die Güter auch seinen Kunden zur Verfügung. Wer sich an der Rabattmarkenaktion beteiligte,

konnte sich den Rabatt entweder in Bar auszahlen lassen oder aber einen Gutschein für zwei Wochen Erholungsurlaub für die Kinder im Gut Borstel dafür bekommen. Das Angebot wurde so gut angenommen, dass Friedrich Bölck noch ein weiteres Erholungsheim an der Ostsee dazumietete.

Familienvater, Stifter und fürsorglicher Chef

Friedrich Bölck war verheiratet und hatte mit seiner Frau Christina drei Söhne und eine Tochter. Während der älteste Sohn im Betrieb mitarbeitete, hatte der zweitälteste Sohn Fritz andere Vorstellungen. Er machte sich nach Frankreich auf und ging zur Fremdenlegion, konnte sich aber dem langen Arm des Vaters nicht entziehen. Der spürte den Sohn auf und kaufte ihn wieder frei, was Fritz nicht davon abhielt, ein zweites Mal zur Fremdenlegion zu entwischen, nur um erneut zurückgeholt zu werden.

In Bad Oldesloe hat Bölck unter anderem mit dem „Gänselieselbrunnen" auf dem Marktplatz Spuren hinterlassen, den er auf eigene Kosten für die Stadt errichten ließ. Die Figur stammt von dem bekannten Bildhauer Richard Kuöhl. Auch soll er laut des Oldesloer Vereins „Bad Oldesloe macht Theater", der dem Kaufmann ein eigenes Theater-Stück gewidmet hat, Straßenpflasterungen und die Beleuchtung in seiner Straße bezahlt haben. Der „Spiegel" weiß von großzügigen Geschenken des Kaufmanns bis hin zu ganzen Wohnungseinrichtungen anlässlich der Heirat seiner Angestellten.

Wo Bölck über seine Art und seine Kontakte viele Freunde gewann – so gründete er ein Sänger-Doppelquartett und einen Kegelclub – da stieß er als bekennender Sozialdemokrat und Angehöriger der Friedensbewegung auch die späteren Machthaber vor den Kopf. Mit den Nationalsozialisten begann sein Niedergang, die den Handel an der Haustür und das Verteilen von Rabattmarken – Bölcks Geschäftsgrundlage – verboten. 1933 gab er seine Oldesloer Villa nach einem Akt mutwilliger Zerstörung auf und zog zunächst nach Gut Grabau. Seine Güter musste er schließlich verkaufen, das Unternehmen riss sein Kompagnon an sich, und Friedrich Bölck zog sich 1936 nach Bad Schwartau zurück, wo er Pferde züchtete und auf die Jagd ging. 1938 übernahm die Holsteinische Lebensmittel AG (später Unilever) die Mehrheit an der Firma, die 1950 die Kaffeeproduktion in Oldesloe einstellte.

Bölck verunglückte 1940 tödlich bei einem Autounfall. Die typische rot-weiß-blaue Bölck-Margarine gab es noch bis in die 50er-Jahre.

Der Großhansdorfer Mammutbaum

In Großhansdorf gibt es einen Mammutbaum (Sequoia gigantea), der eigentlich in Amerika wächst, aber um 1950 herum in Großhansdorf heimisch geworden ist. Darüber, wie es dazu kam, gibt es zwei Geschichten. Die eine besagt, dass der Baum 1880 als Sämling von ei-

Mammutbaum in Großhansdorf.

nem Kapitän aus Nordamerika mitgebracht worden sei. Nach einer anderen Version ist er ein Geschenk.

Otto Griep berichtet in einem Aufsatz in „Der Waldreiter" aus dem Jahre 1950 davon, dass der Besitzer des Hotels „Zu den vier Linden" ihm erzählt habe, dass sein Vater einst in Nordamerika im amerikanischen Bürgerkrieg (1861–1864) gekämpft habe. Ein Bekannter, der ihn später einmal besucht hat, habe vier Sämlinge aus Amerika mitgebracht, die in einer Gärtnerei zum Keimen gebracht wurden. Eine der Pflanzen überlebte im Blumentopf und wurde in den Garten gepflanzt – der Großhansdorfer Mammutbaum. Demzufolge müsste er aus dem Ende des 19. Jahrhunderts stammen. Er soll, so der Chronist, in der Spitze einen Knick haben, weil einst ein „vorwitziger Junge" darauf herumgeklettert sei.

Mammutbäume sind schon seit der Eiszeit nachgewiesen und gehören zu den größten Bäumen der Welt. Sie stammen aus der Familie der Zypressengewächse und sind erst im 19. Jahrhundert auch in Europa heimisch geworden. Der älteste noch stehende Mammutbaum soll über 3000 Jahre alt sein, der dickste einen Stammdurchmesser von gut dreizehn Metern haben.

Trittauer Mäuse in Übersee

Bernd Heinrich hat in der Kindheit ein wenig wie Robinson gelebt: Die Karriere des amerikanischen Professors begann genau genommen 1945 in Trittau. Damals kam der fünfjährige Junge gemeinsam mit seinen Eltern und Geschwistern auf der Flucht vor den Russen nach Trittau. Weil dort alle Zimmer schon von anderen Flüchtlingen belegt waren, kam die Familie schließlich in einer Holzhütte mitten im Wald unter, die sie von einem Trittauer Förster zur Verfügung gestellt bekommen hatte. Das Quartier war nur spärlich ausgestattet, bot Vater und Sohn Heinrich aber die ideale Umgebung für ihr Hobby: Gerd Heinrich war passionierter Schlupfwespensammler, und sein Sohn Bernd sollte ihn bald schon als Forscher überflügeln. Im Wald der Hahnheide fanden sie alle Ruhe der Welt, um auf Spaziergängen Insekten und frei lebende Tiere zu beobachten. Ralph Droege hat die Geschichte Bernd Heinrichs in „Die Trittauer Sieben" nach dessen eigener Erzählung aufgeschrieben: „In Bernd Heinrichs Erinnerung sah die Hütte genauso aus, wie man sich in Grimms Märchen ein Hexenhäuschen vorstellt", schreibt Droege.

Ausgestopfte Tiere für New York
Für die meisten Überlebenden des Zweiten Weltkrieges waren die Hungerjahre nach dem Krieg die schlimmsten. Die Heinrichs bildeten da keine Ausnahme und nutzten ihre Umgebung, um die Familie zu ernähren. Die Pferde, die sie bis Trittau gebracht hatten, tauschten sie gegen Getreide, Milch und Eier, und zusätzlich ernährten sie sich im Sommer von Beeren und Pilzen, die hier reichlich wuchsen. Im Winter wurde es schwieriger. Dann stellten sie Fallen auf oder gruben kleine Gruben, in denen sie Spitz- und Waldmäuse fingen. Das Fleisch wurde gebraten, das Fell stopften sie aus und verkauf-

Professor Bernd Heinrich vor der Hütte im Wald.

ten die Präparate nach Amerika an das National Museum of Natural History in New York. Auch Flöhe, die auf
der Beute lebten, präparierten sie und verkauften sie an
Sammler. Dann wieder ernährten sie sich von der Beute,
die andere gemacht hatten – mal riss ein Hund ein Reh,

mal war ein Wildschwein verendet und lieferte wertvolles Fleisch. Der größte Erfolg war der Fund eines Hirsches, dessen Skelett die Heinrichs säuberten und präparierten, um es schließlich ebenfalls an das New Yorker Museum zu verkaufen.

Früher Forscherdrang

Auch wenn die Hütte im Wald einsam lag, war Bernd Heinrich nie ein einsames Kind. Er hatte seine Schwester Marianne, er hatte seinen Vater, der seine Leidenschaft für Insekten teilte, und er fand Freunde in der Schule, die er in Trittau besuchte. Zusätzlich waren es immer wieder zahme Tiere, die dem begabten Jungen Gesellschaft leisteten. Er holte sich Vögel als Küken aus dem Nest und zog sie groß – eine Wildtaube, ein Eichelhäher und eine Krähe gehörten laut Droege dazu. Ähnlich wie bei Konrad Lorenz folgten die Vögel ihrer vermeintlichen Mutter überall hin. Viel später zog er auch eine Eule auf und schrieb darüber ein Buch.

1950 gelang es den Heinrichs, in die USA auszuwandern, wo Bernd Heinrich über Insekten promovierte und schließlich Professor für Biologie wurde. Er hat eine ganze Reihe von wissenschaftlichen und populärwissenschaftlichen Büchern geschrieben, sich aber auch als hervorragender Marathonläufer hervorgetan, als er einen Weltrekord über 100 Kilometer Straßenlauf aufstellte.

2004 besuchte Bernd Heinrich Trittau und sein ehemaliges Zuhause im Wald noch einmal, und damals berichtete er vielen Trittauern von den frühen Jahren eines naturwissenschaftlich interessierten Jungen in der Trittauer Hahnheide, der einmal ein großer Forscher werden sollte.

Yeah! Yeah! Yeah!

Einst stand ein Mädchen auf dem Ahrensburger Bahn-
hof, eine Rose in der Hand, neben ihr ein zweites mit
einem Parka, auf dem „Beatles" geschrieben stand.
„Noch mehr junge Menschen, ausgestreckte Hände ...",
so beschreibt eine alte Ufa-Wochenschau aus dem Jahr
1966 eine Szene auf dem Bahnsteig in Ahrensburg im
Sommer 1966. Die Massen waren angetreten, um ihren
Idolen, den Beatles, zuzujubeln, die auf Stippvisite in
Deutschland weilten. Kreischalarm in Stormarn – und

Die Beatles auf dem Balkon des Schlosshotels Trems-
büttel.

alles nur wegen der Bravo-Blitz-Tournee 1966. Ringo Starr, Paul McCartney, George Harrison und John Lennon saßen am 26. Juni im Sonderzug nach Ahrensburg, denn die Pilzköpfe sollten in Hamburg zwei Konzerte in der Ernst-Merck-Halle geben.

Weil die Behörden fürchteten, dass der Auflauf um die weltberühmten Beatles in Hamburg zu groß sein könnte, fuhren sie mit dem Sonderzug nach Ahrensburg, von wo aus sie mit einem Autokorso, so das „Hamburger Abendblatt", in das Hotel Tremsbüttel gebracht wurden und die Zimmer Nummer 10 und 27 bezogen. Das gut

bewachte Luxushotel weit ab der Großstadt erfüllte dann auch seinen Zweck – der ganz große Ansturm blieb aus. Allerdings gab es auch in Tremsbüttel Fans, die sich durch die ländliche Abgeschiedenheit nicht aufhalten ließen. In der Chronik des Schlosshotels Tremsbüttel gibt es ein vergilbtes Foto, das die vier Stars auf dem Balkon des Schlosses zeigt, wo sie sich ihren Fans kurz zeigten.

Nur Sekunden sollen die vier sich dort präsentiert haben, während Polizisten alle Hände voll damit zu tun hatten, die kreischenden Fans auf Abstand zu halten. Einigen gelang es dann doch, die Kette zu durchbrechen, aber weit kamen sie nicht. In Schloss Tremsbüttel, seit 1949 zum Luxushotel umgebaut, war man illustre Gäste gewohnt und wusste, wie man sie schützt.

Das heutige Schloss Tremsbüttel wurde 1894 auf den Resten des ehemaligen adeligen Gutes Tremsbüttel errichtet, wo 1770–1800 schon einmal ein neues Herrenhaus von den Grafen Stolberg gebaut worden war. Damals waren es nicht die Beatles, sondern Denker und Dichter, die sich in Stormarn die Klinke in die Hand gaben. Der 1777 zum Amtmann berufene Christian Graf Stolberg war nämlich ein enger Freund Goethes und machte das Herrenhaus zu einem Mittelpunkt des geistigen Lebens in Norddeutschland. Zu den häufigen Gästen gehörten damals Matthias Claudius, Friedrich Gottlieb Klopstock und der Humanist Wilhelm von Humboldt.

Seit 1949 nahm das Haus zahlende Gäste auf, nachdem Konsul Siegfried Zimmermann es in ein Luxus-Hotel umgewandelt hatte. Das Gästebuch des Hauses nennt neben den Beatles Sophia Loren, die Rolling Stones, Leonard Bernstein und Klaus Kinski als Besucher. Von Klaus Kinski ist auch ein lobender Eintrag im Gästebuch erhalten. Curd Jürgens, so die Homepage des Hotels, soll als Treuzeuge zugegen gewesen sein, als ein Freund auf Tremsbüttel Hochzeit feierte. Auch die Beatles scheinen sich wohlgefühlt zu haben: Auf dem alten Foto vom Balkon blicken sie fröhlich in die Menge. Man tat aber auch alles, damit die Sänger sich wohlfühlten: Ein Bargteheider Arzt soll nach dem Frühstück – mit viel Saft und Honig – auf Wunsch die Stimmbänder der Sänger kontrolliert haben, berichtete das „Hamburger Abendblatt".

Lange konnten die Musiker den Komfort des Hotels allerdings nicht genießen. Am Nachmittag fuhren sie zu zwei Konzerten in die Hansestadt, zwischen denen sie eine Pressekonferenz gaben und sich anschließend bitter über die blöden Fragen der deutschen Journalisten beklagten. Nach ihren beiden Konzerten in Hamburg, bei denen auch Helmut und Loki Schmidt zugehört haben sollen, flogen die Beatles zum Abschluss ihrer Tournee weiter nach Tokio.

Das „Blaue Haus" in Bad Oldesloe

Das „Blaue Haus" an der Hude in Bad Oldesloe ist das älteste erhaltene Gebäude der Stadt. Das genaue Baujahr ist nicht bekannt, aber Untersuchungen der Bausubstanz haben ergeben, dass es wahrscheinlich um 1500 als Ersatz für einen Speicher gebaut wurde, der 1415 von den Truppen Herzog Erichs V. von Lauenburg zerstört worden war. Der Lauenburger fürchtete die Konkurrenz aus Bad Oldesloe.

Geschäfte mit den Bötern

Schon lange vorher gab es ein großes Speicherhaus an der Stelle, wo Trave und Beste zusammenfließen. Die Wasserwege waren im Mittelalter ein weit komfortablerer Reiseweg als der beschwerliche Landweg auf nicht ausgebauten Pfaden, und so blühte schon früh das Geschäft mit den „Bötern" – Kähnen, die Passagiere zwischen Lübeck und Bad Oldesloe beförderten. Das „Lübsche Haus", so der alte Name des Gebäudes, wurde wahrscheinlich von Lübecker Kaufleuten errichtet, um von dort aus den Handel auf der Trave und die Lübecker Privilegien überwachen zu können. Bei einer Besichtigung wurden Spuren gefunden hat, die darauf hinweisen, dass sich früher eine Tordurchfahrt in der Mitte des Gebäudes befand, sodass Frachtwagen direkt an den Anleger der Travekoggen fahren konnten.

Die Lübecker hatten sich schon unter Heinrich dem Löwen die Rechte an dem lukrativen Wasserweg gesichert, die Wald-, Wiesen- und Weiderechte an beiden Ufern mit einschlossen. Später kauften immer mehr Lübecker Bürger Grundbesitz in Oldesloe, und so dauerte es nicht lange, bis ein Streit über die Abgaben ausbrach. „Der im ‚Lübschen Haus' wohnende Vertreter der Hansestadt, ein Mitglied der Lübischen Böterzunft, blieb Lübecker Bürger, hatte besondere Handelsvor-

Das Blaues Haus in Bad Oldesloe.

rechte und zahlte in Oldesloe keine Abgaben", schreibt
Gerhard Schulz in seinem Beitrag „Das blaue Haus".
Anfang des 18. Jahrhunderts erst kam es zu einer Ei-
nigung über die Steuerabgaben, mit der beide Seiten
zufrieden waren.

Kirche, Gefängnis und Feuerwehr
Wo bislang dem Mammon gehuldigt worden war, zog im
18. Jahrhundert die Kirche ein. Das Kirchengebäude in
Bad Oldesloe war dermaßen baufällig geworden, dass
1752 ein Ausweichen in das „Blaue Haus" beschlossen
wurde, das mittlerweile leer stand, weil ein Stück weiter ein neues Handelshaus an der Trave entstanden war.
Die Lübecker hatten nichts dagegen, obwohl sie damals
kaum geahnt haben dürften, dass die Gottesdienste

dreizehn Jahre lang im „Blauen Haus" abgehalten werden würden – so lange dauerte es, bis die Stadtverordneten in Bad Oldesloe sich darüber einig wurden, ob sie die alte Kirche sanieren oder eine neue bauen sollten. Irgendwann wurde das Haus verkauft und konnte 1821 von der Stadt Oldesloe bei einer Versteigerung erworben werden. Als es 1823 neue blaue Dachziegel erhielt, war der Name „Blaues Haus" geboren.

Das erhielt wenig später schwedische Gardinen, als es das Gefängnis der Stadt aufnahm. Das alte Gefängnis war bei einem Brand vernichtet worden. Sieben Gefängniszellen und zwei Stadtdienerwohnungen wurden unter dem blauen Dach eingerichtet, dazu kam ein großes Magazin. 1887 wurde das Gefängnis von der Feuerwehr abgelöst, die in dem alten Gebäude ein neues Gerätehaus fand. Sie teilte sich das Haus mit der steinzeitlichen Sammlung des Apothekers Dr. Sonder, die der Naturwissenschaftler für das Oldesloer Heimatmuseum gesammelt hatte. Bis 1973 blieb das „Blaue Haus" Feuerwehrgerätehaus, dann musste wegen des wachsenden Fuhrparks ein neues Gerätehaus gebaut werden.

Nun stand das „Blaue Haus" leer, und die Stadtverordneten überlegten, was damit geschehen sollte. Auf der einen Seite war das älteste Gebäude der Stadt denkmalschutzwürdig, auf der anderen Seite drohte mit der dringend notwendigen Sanierung eine finanzielle Belastung, die von der Stadt kaum zu tragen war. Gelöst wurde das Dilemma schließlich durch die Konjunkturprogramme von Bund und Land, die 1975 halfen, den Umbau des „Blauen Hauses" zu finanzieren. Im Untergeschoss entstanden Gewerberäume, im Ober- und Dachgeschoss Wohnungen. 1977 war der aufwendige Umbau für damals 1,2 Millionen Mark abgeschlossen. Für Bad Oldesloe ist so ein Haus erhalten geblieben, das über 500 Jahre Stadtgeschichte gesehen hat.

Der Trittauer Gänsekrieg

Oscar Fadum war ein Trittauer Bürger, der der Gemeinde bis heute seinen Stempel aufgedrückt hat. Getan hat er das mit einer Uhr im Trittauer Bürgerhaus, die wohl als Wiedergutmachung für einen alten Streit mit der Gemeinde gedacht war. Oliver Mesch hat seine Geschichte aufgeschrieben.

Oscar Fadum, 1885 in Darmstadt geboren, war ein Zugereister. Ehe er sich 1936 in Trittau niederließ, war Fadum als 21-Jähriger nach Südamerika gegangen und als Exportkaufmann und Landwirt zu Geld gekommen. In Trittau bezog er den elterlichen Hof und war in der Land- und Teichwirtschaft tätig. Zu seinem Hof gehörte eine Schar von zwölf Gänsen, an denen sich alsbald der Trittauer Gänsekrieg entzündete. Denn als die Behörden eine Viehzählung anordneten, verschwieg Fadum sein Federvieh. Doch flog der Schwindel auf und die Verwaltung beschlagnahmte die Gänse und gab sie in die Obhut des damaligen Ortsbauernführers.

Fuchs, du hast die Gans gestohlen

Das war ein Vorgehen, das der Freigeist Oscar Fadum nicht ohne Gegenwehr hinnehmen wollte. Er engagierte kurzerhand einen Trompeter und ließ ihn einen Tag lang vor dem Verwaltungsgebäude auf und ab gehen. Dabei spielte er das Lied „Fuchs, du hast die Gans gestohlen". Die Verwaltung ließ sich nicht lumpen und konterte mit einem eigenen Trompeter, der vor Oscar Fadums Tür „Üb immer Treu und Redlichkeit!" blies. Dennoch entschied das Kreislandwirtschaftsamt schließlich, dass Fadum die beschlagnahmten Gänse zurückzubekommen hätte. Fadum hat daraufhin ein großes Schild malen lassen, das er in einem Triumphzug mit Musikbegleitung und den Gänsen im Schlepptau durch Trittau trug. Darauf prangerte er die Behördenwillkür an.

Oscar Fadum bewirbt sich 1948 um einen Sitz im Gemeinderat.

Sein Zorn auf die Verwaltung hinderte ihn nicht daran, sich von 1949–1951 als Mitglied des Gemeinderates wählen zu lassen. Ironischerweise warb er 1948 auf einem Handzettel mit folgender Begründung für sich: „Ich trete ein für: 1. Friedliches Zusammenleben aller Trittauer Einwohner untereinander." Die Trittauer glaubten ihm und wählten ihn in den Gemeinderat. Dort soll er immer ein offenes Ohr für die Belange der Bürger gehabt haben, und schließlich spendete er aus seinem Vermögen das Geld für die Uhr im Bürgerhaus. Jetzt hätte der Trompeter gut Heines „Liedchen von der Reue" spielen können …

Ein Oldesloer Sonntagsmaler

Krischan Thegen aus Bad Oldesloe, der eigentlich Carl Christian hieß, war ein einfacher Mann mit einer ganzen Welt im Kopf. Erst als 50-Jähriger begann er damit, sie in bunten, einfachen Malereien zu Papier zu bringen. In seinen Bildern, die heute hoch gehandelt werden, spiegeln sich die Liebe zum Abenteuer, sein aufregendes Leben als Tierpfleger und Clown und eine unverfälschte Sicht auf die Welt wider, die in naiver Kunst ihren Ausdruck fanden. Zum Malen kam Thegen zufällig, als er im Garten des Volksdorfer Malers Emil Maetzel die Beete umgrub und dabei sah, wie der Künstler ein Land-

„Salome" – ein Gemälde von Carl Christian Thegen.

schaftsaquarell malte. „Dat kann ick ok un vel beter", zitiert ihn Ernst Buchholz in seinem Aufsatz, und schon nahm Thegen dem Maler Farbe und Pinsel aus der Hand und schuf sein erstes Werk: eine Zirkusreiterin mit einem Clown.

Bewegtes Berufsleben

Das waren keine Fantasiemotive, denn Thegen war in der Welt der Schausteller weit herumgekommen. 1883 als Sohn eines Schusters in Bad Oldesloe geboren, absolvierte er zunächst eine Metzgerlehre und übte danach eine Vielzahl an Tätigkeiten aus, von denen eine schillernder war als die andere. Zuerst war er Bauernknecht,

dann Hilfsarbeiter in einer Fahrradfabrik, Hirte, Tiertreiber, Tierpfleger in Hagenbecks Tierpark und später Karussellbetreiber, Clown, Schlachter, Gärtner und Pferdedoktor. Dabei kam er immer wieder mit Tieren zusammen, vor allem auch mit Exoten wie Zebras und Löwen im Zirkus und im Tierpark Hagenbeck, wo er als Tierwärter angestellt war. Eine Zeit lang reiste Thegen vor dem Ersten Weltkrieg als fahrender Schausteller mit einem Karussell herum, doch diese Arbeit brachte nicht genug Geld ein. Im Krieg arbeitete er mit Pferden, und die Tiere standen ihm besonders nahe. Wenn Thegen einmal frei hatte, las er mit Vorliebe Indianergeschichten und

Groschenhefte, die später seine künstlerischen Motive speisten. Auch Kinofilme sah er gerne und brachte danach Szenen aus Western, Cowboywelt und Ben Hur zu Papier. Aber auch Bibelmotive, Märchen oder Micky-Mouse fanden Eingang in sein Malbuch. Das trug er stets bei sich, um Bilder, die er im Kopf hatte, rasch zu skizzieren. Als Leinwand dienten ihm Tapeten oder große Papierbögen, die er bemalte und an Kinder verschenkte.

Motive aus dem Alltagsleben

Auf seinen Bildern tummelt sich eine kindliche Welt, in der die Tiere stets von rechts nach links durchs Bild laufen und immer nur im Profil gemalt sind. Nur der Clown guckt den Betrachter an, weil man „Clown nur von vorne sein kann!", wie Thegen meinte. Ein Malheft von 1953 zeigt Motive vom Bauernhof über Ben Hur und Goldgräber-Karawane bis hin zu Indianern am Lagerfeuer, Elefanten im Dschungel und Affen als Kunstreiter. Das ist die Gegenwelt zu einem Alltag in Bad Oldesloe, in das Carl Christian Thegen immer wieder zurückkehrte. Zeitgenössische Zeitungsberichte beschreiben ihn als einfachen Menschen, der einfach gekleidet seinen Hilfsarbeiten nachging und seine eigene Kunst als selbstverständlich ansah. Noch zu seinen Lebzeiten gab es erste Ausstellungen, in die seine Werke mit aufgenommen wurden. Thegen war es egal, die Ausstellungen besuchte er nie. „Wieso denn", wird er zitiert, „ich kenne die Bilder, ich habe sie doch gemalt."

Sein Erfolg reichte nicht aus, ihm eine bequeme Unterkunft zu finanzieren – Carl Christian Thegen schlief auf einem Heuboden, von dem er 1955 mit 72 Jahren herabstürzte und sich das Genick brach. Seine Werke sind in privaten Sammlungen und im Heimatmuseum Bad Oldesloe untergekommen.

Die Ahrensburger Gottesbuden

In Ahrensburg gibt es eine Reihe von Wohnungen, Gottesbuden genannt, auf denen ein Fluch liegt: Er soll allerdings nicht die Bewohner ereilen, sondern denjenigen, der die Behausungen für Bedürftige abschafft. 1596 hatte Peter Rantzau nach dem Tod seines Bruders dessen Ländereien geerbt und um 1585 Schloss Ahrensburg erbaut. Für das Gebäude wurden die Reste der einige Kilometer südlich gelegenen Arnesvelder Burg abgerissen und das Material zum Teil in Ahrensburg verbaut. In Ahrensburg baute er 1594–1596 außerdem die Schlosskirche. An die Kirche ließ er 24 sogenannte Gottesbuden für Arme anbauen und hinterließ eine Stiftung zu deren Unterhaltung. 22 davon stehen heute noch.

„Allen, die diesem Werck durch Frevel, Raub und Brand künftig einen Schaden und Abbruch thun werden", drohte Peter Rantzau, dem wolle er „Gottes Straffe und alles Unglück hier auf Erden angekündigt haben." Nachzulesen ist der Spruch auf einer alten Steintafel über dem Eingang der Schlosskirche. Die Gottesbuden bezeichnen zwei Reihen kleiner Häuschen mit jeweils zwölf kleinen Wohnungen. Jede Wohnung hat einen Eingangsbereich, der zugleich als Küche dient, und eine große Stube. Zwei Personen lebten in einer solchen Wohnung. Sie sollen nicht nur kostenlos dort haben wohnen dürfen, sondern waren durch das Stiftungskapital Peter Rantzaus zusätzlich auch finanziell abgesichert. Die südliche Wohnungsreihe wurde allerdings für die damals übliche Miete von einem halben Taler vermietet. Die Mieteinkünfte waren zur Erhaltung der Schlosskirche gedacht. Eine Zeit lang befand sich in einer der Gottesbuden auch die Dorfschule – der Küster der Kirche fungierte gleichzeitig als Lehrer.

Die so genanntes Gottesbuden in Ahrensburg.

Der Straße gewichen

Nicht jeder hat sich durch den Fluch abschrecken lassen. Schüler der Ahrensburger Stormarnschule haben sich in einem Projekt mit der Historie der Gottesbuden beschäftigt und 1997 das Heft „Die Geschichte der Gottesbuden" erstellt. Darin heißt es, dass 1841 zwei der Gottesbuden unter der Herrschaft Graf Schimmelmanns einer Straße weichen mussten. Ob den verantwortlichen

Grafen dafür der Fluch des alten Rantzau ereilte, ist nicht überliefert. Dafür soll eine ehemalige Bewohnerin ein böses Schicksal ereilt haben – sie wurde im 17. Jahrhundert als Hexe verbrannt.

Ursprünglich waren die Gottesbuden kleine Hütten mit Lehmboden, ehe sie später mit neuen Fenstern zum Friedhof hin versehen wurden. Die Schüler haben herausgefunden, dass dafür ein alter Aberglauben verantwortlich gewesen sein soll, angeblich schrieb man der Friedhofsluft eine lebensverlängernde Wirkung zu. 1956 wurden Kirche und Gottesbuden geweiht. Die Ahrensburger Gottesbuden dienen nun seit über 40 Jahren der Beherbergung und Pflege der Bedürftigen. Natürlich sind sie behutsam renoviert und den heutigen Standards angepasst worden. In seinem Vermächtnis machte Peter Rantzau seinen Nachfahren zur Auflage, sein soziales Werk unter allen Bedingungen zu erhalten. Die verbliebenen 22 Gottesbuden gehören heute als soziale Einrichtung zur Schlosskirchen-Gemeinde. Als solche erfüllen sie immer noch den Zweck, für den sie vor Jahrhunderten gebaut worden waren. Bis heute werden sie nach den Kriterien der Bedürftigkeit vergeben.

Reinfeld macht Frauen Beine

Das Fräulein-Wunder war nach dem Zweiten Weltkrieg transparent und aus Kunststoff: Nylonstrümpfe, in Amerika erfunden und hergestellt, gehörten unbedingt dazu und lösten in Deutschland die kostbaren Seidenstrümpfe ab. Sie eroberten in kürzester Zeit den Markt. Nachdem sie als amerikanisches Produkt zunächst den Schwarzmarkt beherrscht hatten und nach der deutschen Teilung überwiegend in der DDR produziert wurden, fanden sich bald auch in Westdeutschland Strumpf-Produzenten, die in den 50er-Jahren erbittert um den stetig wachsenden Markt kämpften. Ganz vorn mischte die Firma Opal mit, die von Peter Margaritoff und Heinz Schaffer geleitet wurde. Produziert wurden ihre Strümpfe 1960 bis 1962 auch in Reinfeld, wo die Firma Opal das Gelände des ehemaligen Flugzeugbauers Dornier aufgekauft hatte.

Miss Germany anno 1962

„Drinnen im Saal schwebte von der Decke herab, mit seitwärts angezogenen Beinen in einer Fantasieschaukel sitzend, die Wiesbadener Sportstudentin Gisela Karschuck, 21, zu dem hundertfach mit der Aufschrift ‚Opal‘ versehenen Thron der ‚Miß Germany 1962‘", beschrieb 1962 der „Spiegel" einen medienwirksamen Werbeakt des Unternehmens, das in jenem Jahr die schönen Beine der Studentin in Travemünde kürte. 1954 hatte das geschäftstüchtige Duo erstmals die gute Idee zur Miss-Wahl als Werbegag gehabt und damit das Interesse Tausender geweckt. „Aus dem Aufgebot der lokalen Miss-Bewerberinnen wurden in jeder der 24 Städte die zwölf bis fünfzehn steilsten Zähne herausgefiltert", schrieb der „Spiegel", und bei der Show der schönen Beine und schönen Frauen wollte kaum einer fehlen. Allerdings, so ein Zeitungsbericht von 1966, achtete man

Wahl zur Miss Germany, 1962 in Reinfeld.

bei den jungen Damen, „die durchweg aus solidem Elternhaus stammen", streng darauf, dass nichts ihre Moral gefährdete: Sie wurden „von erfahrenen Begleiterinnen" – eine Zeitung schrieb „Gouvernanten" – betreut. Wie versichert wurde, war der in Reinfeld gereichte Sekt der letzte Alkohol, den die Missen bis zum Abschluss der Berlin-Tournee zu trinken bekamen.

Die Naht hat ausgedient

Mit dem französischen Maler und Grafiker René Gruau hatten Margaritoff und Schaffer zuvor schon einen Glücksgriff getan, hatte der Künstler ihrer Strumpfmarke Opal doch ein Logo verschafft, das sich aufgrund seiner Farbigkeit von den Konkurrenten abhob und den Kundinnen ins Auge stach. Der Aufstieg der Nylonstrümpfe schien nicht aufzuhalten zu sein, auch dann nicht, als in Amerika erste Maschinen zur Herstellung nahtloser Strümpfe entwickelt wurden. Wo die „Opal"-Fabrikanten zunächst noch auf die Qualität althergebrachter Nahtstrümpfe setzten, mussten sie bald erkennen, dass die Zukunft nahtlos war. Bald setzte ein erbitterter Preiskampf in der Branche ein. Immer mehr billige Ware kam auf den Markt, die Hersteller unterboten einander, die Strümpfe wurden immer dünner. 1962 blieb Opal schließlich auf der Strecke.

Der Niedergang beginnt

Für Reinfeld bedeutete das eine besondere soziale Härte. 450 Arbeiter verloren ihren Arbeitsplatz, und für die Karpfenstadt gingen 30 Prozent ihres Steuereinkommens – 350 000 Mark monatlich – verloren. Margaritoff und Schaffer bedauerten jetzt, dass sie im Jahr zuvor das Angebot des amerikanischen Herstellers Burlington abgelehnt hatten, ihr Werk aufzukaufen. Nach dem Konkurs blieben Margaritoff und Schaffer noch mehrere Monate als geschäftsführende Direktoren in Reinfeld, wo Opal vom amerikanischen Textilkonzern Chadbourn-Gotham abgelöst wurde, der noch einige Jahre als „Deutsch-Amerikanische Strumpffabrik GmbH" in Reinfeld produzierte. Dann schlossen sich die Tore endgültig. Das „Nur-die"-Unternehmen kaufte den Betrieb 1965 auf, zog sich aber auch bald wieder zurück. Damit ging die „hautnahe" Wirtschaftsgeschichte der Stormarner Kleinstadt endgültig zu Ende.

Ein Scheinflughafen im Moor

Das Nienwohlder Moor ist eine blühende Landschaft und als Naturschutzgebiet Rückzugsraum für viele seltene Pflanzen und Tiere. Wo heute Habicht und Bussard am Himmel kreisen, waren es einst die Bomber der Engländer und der Alliierten. Sie suchten nach strategisch wichtigen Anlagen, die sie vom Himmel aus zerstören konnten, und fanden sie scheinbar im Moor. Manche Nienwohlder erinnern sich noch daran, als das Nienwohlder Moor im Zweiten Weltkrieg Sitz eines sogenannten Scheinflughafens war. Der soll rechts der großen Wasserkuhle Lunden gelegen haben, auch wenn heute kaum noch Spuren davon vorhanden sind.

Ein Auszug aus dem Militärarchiv, Kriegstagebuch vom 16.4.1942 bis 21.4.1943, listet die Anlage gemeinsam mit einer Reihe weiterer Scheinflughäfen auf. Sie waren errichtet worden, um vom Hamburger Flughafen Fuhlsbüttel abzulenken, und waren dem Flughafenbereichskommando Lübeck-Blankensee unterstellt. Die Nienwohlder Chronik von Ulrich Bärwald schildert die Anlage als täuschend echt, da sie mit Flugzeugen aus Segeltuch und Holz, Öltanks und Lagerhallen aus der Luft wohl recht überzeugend aussah. Die Scheinflughäfen funktionierten nach einem einfachen Prinzip: Sobald feindliche Luftangriffe drohten, wurde die Rollbahnbefeuerung eingeschaltet. Bei erkennbaren Angriffen auf die Anlage zündete man sogenannte „Erfolgsfeuer" an, um den Angreifern vorzugaukeln, dass sie ihr Ziel getroffen hatten. Das sollte zu weiteren Bombenabwürfen animieren.

Hauptsächlich sollte so von Hamburg abgelenkt werden, aber der Scheinflughafen diente auch dazu, die wertvollen Schienenverbindungen nach Bad Oldesloe im Kreis zu schützen. Auch Lübeck als strategisch wichtiges Ziel für Bombenangriffe dürfte von der List profitiert haben.

Offenbar ging der Plan auf, denn die Jersbeker Chronik berichtet von Bomben, Phosphorkanistern und Brandplätzchen, die wiederholt in dem Gebiet niedergingen. Die Bomben dürften noch heute im Nienwohlder Moor liegen, wo sie im Feuchtgebiet versackt sind.

Mit dem Scheinflughafen wollte man sich vor alliierten Bombenangriffen schützen.

Stormarn zeigt Haut

Bis ins 18. Jahrhundert hinein war es durchaus üblich, dass die Menschen in Mitteleuropa ohne Kleidung baden gingen. Später organisierten sie sich, und 1898 wurde in England der erste FKK-Verein gegründet. Das Nacktbaden in der Gruppe machte Schule und setzte sich um 1900 an Nord- und Ostsee fort, wo das „Schwedische Baden", wie das hüllenlose Auftreten in der Öffentlichkeit auch genannt wurde, schon länger in Mode war. Für die Anhänger des Nudismus bedeutete das die Rückkehr zur Natur, der man sich ohne Badekleidung näher glaubte. Andere hingegen verstanden sich als Sittenwächter und verurteilten das öffentliche Nacktbaden als unmoralisch. Während 1920 der erste offizielle Nacktbadestrand auf Sylt eröffnet wurde, verbot Deutschland das Nacktbaden außerhalb geschlossener Gelände 1931.

FKK seit den 20er-Jahren

Nicht jeder war mit dieser Lösung zufrieden: In Ammersbek im Duvenstedter Brook hatten schon seit den 20er-Jahren zwei Vereine – der „Verein für Freikörperkultur" und der „Verein der Sonnenfreunde" – eine Wiese gepachtet, um dort unbekleidet die Sonne genießen zu können. In der Ammersbeker Chronik hat sich Rudolf Biester in dem Kapitel „Nacktkultur in Hoisbüttel" ausführlich mit der Geschichte der Ammersbeker Nudisten befasst. Er beschreibt, dass Kinder, die auf dem Land nackt badeten, nichts Ungewöhnliches waren, Männer und Frauen, die dasselbe taten, dagegen schon. „Am 13.8.1933 um 17 Uhr stellte ich fest, dass Mitglieder des Vereins der Sonnenfreunde, der im Duvenstedter Brook sein Lager hat, etwa 20 Personen (Damen, Herren und Kinder), vollständig entkleidet in der Ammersbeck badeten." Dieser empörte Bericht der Polizeibehörde Hamburg war eine von vielen Beschwerden, die der Jurist Dr. Bracht als Reichskommissar für Preußen initiiert hatte. Der besonders gestrenge Verfechter von Moral und Ordnung hatte 1932 einen Zusatz zur Badeordnung verfügt: „Das öffentliche Nacktbaden ist untersagt. Frauen dürfen nur baden, falls sie einen Badeanzug tragen, der Brust und Leib an der Vorderseite des Oberkörpers vollständig bedeckt, unter den Armen fest anliegt sowie mit angeschnittenen Beinen und einem Zwickel versehen ist. Der Rückenausschnitt des Badeanzugs darf nicht über das untere Ende der Schulterblätter hinausgehen." Auch Männer durften nur nach vorgeschriebener Art bekleidet baden gehen. Im Archiv der Gemeinde Ammersbek, so die Chronik, liegt eine Akte, die den Schriftverkehr zwischen Vereinen und Amtsvorstehern dokumentiert. Demnach haben sich die Vereine auch juristisch gegen die Einschränkungen gewehrt. Dieses dokumentiert die Chronik auch noch für die Folgejahre: „Durch das blitzartige Erscheinen mit dem Streifenwagen war es einmal möglich festzustellen, dass eben immer noch die Mitglieder des Bundes den Bestimmungen entgegen sich unbekleidet auf dem Gelände bewegen", schrieb der Bergstädter Amtsvorsteher an den Landrat. Als Beweis führte er an, dass sich auf dem gegenüberliegenden Ufer eine große Anzahl Hitlerjungen herumgedrückt hätte, um das Treiben zu beobachten. Erst als das Gelände privatisiert wurde und sich die Nacktbader einem Hamburger Verein anschlossen, blieben die Vereinsmitglieder unbehelligt.

Immer wieder Ärger

Auch heute noch wird das Gelände von Menschen genutzt, die in ihrer Freizeit unbekleidet die Natur genießen wollen. 1951 gründete sich die heutige „FKK-Sportgemeinschaft Hamburg" (FSH), die bis 1971 als „Lichtbund Hamburg" firmiert hatte. In einer Sauna entstand die Idee zur Freikörperkultur, die sofort viele

Anhänger fand. Ein geeignetes Gelände fand man auch jetzt wieder in Ammersbek, wo ein klarer Fluss durch Wiesen führte und rasch zum Paradies für die FSHler wurde.

Das fehlende Feigenblatt sorgte allerdings wiederholt für Ärger. Auch in den 60er- und 70er-Jahren gab es noch reichlich Moralapostel, die sich mit dem Gedanken der Freikörperkultur nicht anfreunden konnten. Um die 200 Mitglieder hatte der Verein da schon, die nicht nur ihre Körper, sondern auch reichlich Einsatz zeigten, um das Freizeitgelände attraktiv zu machen. In Eigenarbeit mauerten sie auf dem Gelände des Vereins ein großes Schwimmbecken, das ihnen nun sicher ist: 1985 konnte der FSH das Gelände kaufen.

In den 50er-Jahren hatte der Verein seine Hochzeit: Die wenigsten Menschen konnten sich damals ein Auto oder die Reise zum Strand leisten. Da war es verlockend, eine gut ausgestattete Freizeitanlage vor den Toren Hamburgs zu finden. Seitdem sind die Mitgliederzahlen stetig gesunken, aber den Verein gibt es heute noch. Auch die Ziele sind noch dieselben wie damals: Nacktsein als Freiheit und Einssein mit der Natur – diese Philosophie stand von Anfang an hinter dem „Lichtbund". Der „frei und nackt darlebende Mensch ... der ohne unnötige Bedenken ... sich als natürliches Wesen in der Natur bewegen und betätigen darf" – so definiert die Chronik die Grundidee.

Wenn Nackte auch von der Mode unabhängig sind, gehen sie doch mit der Zeit: Zu den Sportangeboten gehören mit Nordic Walking, Volleyball, Tischtennis oder Wassergymnastik heute moderne Freizeitangebote, und unlängst ist ein Fitnessraum auf dem Gelände entstanden. In Gymnastik – klärt die Chronik auf – steckt schließlich das Wort „gymnos" (= nackt).

Stormarns Glantz-Zeit

Seit den 60er-Jahren ist der Name der Familie Glantz
eng mit Delingsdorf in Stormarn verbunden. Dort-
hin hatte es die aus Mecklenburg vertriebene Familie
Glantz verschlagen, nachdem sie 1945 unter sowjeti-
scher Besatzung ihr Gut Hohen Wieschendorf bei Wis-
mar verloren hatte. Nachdem Günther Glantz zunächst
ein Staatsgut in Hamburg verwaltet hatte, beschloss er
1961, sich mit einem Erdbeerhof in Delingsdorf selbständig zu machen.

Bis in die 50er-Jahre hinein war die gewerbliche Erdbeerzucht selten und schwierig. Erdbeeren waren Pflanzen, die in Gärten und Beeten wuchsen, für den gewerb-
lichen Anbau aber mit hohen Risiken verbunden waren,
da insbesondere ein Fäulnispilz kaum zu bekämpfen
war und 70–80 Prozent einer Ernte vernichten konnte.

Revolutionäre Erdbeerzucht

Ende der 50er-Jahre geschahen zwei Dinge, die für die
Erdbeerzucht revolutionär waren: Es wurde ein Mittel
entwickelt, das den schädlichen Pilz in der Blüte bekämpfen konnte, ohne der Frucht zu schaden. Gleichzeitig forschte Professor Reinhold von Sengbusch in
einer Außenstelle des Max-Planck-Instituts für Kultur-
pflanzenzüchtung in Ahrensburg zum Thema Erdbeere.
Er züchtete die Sorte „Senga Sengana", die die nächs-
ten beiden Jahrzehnte die vorherrschende Erdbeere im
Obstanbau in Europa werden sollte. Die „Senga Sengana" war größer als die üblichen Walderdbeeren, robust
genug, um gegen Schädlinge bestehen zu können, und
hatte auch noch einen ausgezeichneten Geschmack.

Professor von Sengbusch brauchte 1952 für die Zucht
Anbauflächen und fand mit Günther Glantz einen Mann,
mit dem er zusammenarbeiten konnte. Glantz hatte sich
schon früh für den Gedanken des Erdbeeranbaus auf

dem Feld begeistert. Er pflanzte für von Sengbusch zunächst im eigenen Garten in Hamburg Erdbeerpflanzen. Bald pachtete er Feldflächen von benachbarten Landwirten dazu und pflanzte im großen Stil Erdbeeren an. Hauptabnehmer für die Erdbeeren war die Marmeladenfabrik in Bad Schwartau. Die fünf Kinder der Familie, darunter auch Enno Glantz, mussten nach der Schule regelmäßig auf den Feldern helfen.

Als 1961 ein Pachthof mit Land in Delingsdorf angeboten wurde und Günther Glantz gleichzeitig seinen Arbeitsplatz in Hamburg verlor, sah er seine Chance, sich wieder als Landwirt selbständig zu machen. Er bezahlte den Pachthof mit einem Darlehen und begann mit Eiern und Milch zusätzlich zu den Erdbeeren, einen wirtschaftlichen Betrieb aufzubauen. Enno Glantz ging ihm nach seiner landwirtschaftlichen Ausbildung zur Hand. 1972 übernahm er den Betrieb von seinen Eltern und stellte ihn auf die beiden Säulen Erdbeeranbau und Pferdezucht.

Enno Glantz' großes Hobby ist das Reiten: Bis 1990 hat er Turniere geritten, mit Wulf Hinrich Hamann betreibt er eine Pferdezucht und -ausbildung in Delingsdorf. Schon bald konnte er weitere Flächen aus der Nachbarschaft und von seinem Schwager dazupachten.

Die Geburt des Erbeerhäuschens

Über die Jahre entwickelte sich der Erdbeerhof Glantz mehr und mehr zu einem profitablen Unternehmen. Als Enno Glantz 1989 einmal in Mallorca Urlaub machte, fiel ihm auf, dass die Menschen auf der Promenade plötzlich alle in eine Richtung drängten. Ein Saftverkäufer hatte auf der Promenade einen Stand in Form einer großen Apfelsine aufgebaut. Das brachte Glantz auf die Idee, seine Erdbeeren in besonderer Weise zu vermarkten. Er entwarf gemeinsam mit dem Erdbeerbauer Karl-Heinz Dahl aus Ratekau, dessen Familie wie seine

Gewächshaus des Professors von Sengbusch, für dessen Forschung Enno Glantz die ersten Erdbeeren anbaute.

aus Mecklenburg stammte, die charakteristischen Erd-beerhäuschen, die Glantz zu einer eigenen Marke mach-ten. Damals wurde auch das Logo entworfen, denn alle Früchte, die nicht verkauft werden, werden noch frisch zu Saft, Marmelade oder Obstwein verarbeitet.

Mittlerweile gehört der Erdbeerhof Glantz zu den größten Erdbeerhöfen in Mitteldeutschland. Das Angebot hat die Familie stetig weiter ausgedehnt, sodass die Saison nicht mit dem Ende der Erdbeerzeit vorbei ist. Inzwischen gibt es ein Restaurant auf dem Hofgelände, an das ein Geschäft für Wohn- und Dekorationsartikel angeschlossen ist. Im Winter bietet Glantz einen besonderen Weihnachtsmarkt an, bei dem Weihnachtsbäume aus Enno Glantz' alter Heimat verkauft werden, denn nach der Wende hatte Enno Glantz die Gelegenheit bekommen, den alten Familienbesitz in Klein Wieschendorf 1991 teilweise zurückzukaufen. Die Familie war über 300 Jahre in Mecklenburg zu Hause, auch wenn sie in Stormarn mittlerweile eine neue Heimat gefunden hat. Der Rückkauf bedeutete ein gewaltiges finanzielles Risiko für Enno Glantz, aber auch die Chance, zu den Wurzeln zurückzukehren und Klein Wieschendorf und Delingsdorf zu vereinen. In dem Buch „Glantz Zeiten" hat Enno Glantz die Familiengeschichte aufgeschrieben.

Stormarns schönste Stimme

Kaum jemand weiß, dass einmal ein Kastrat und berühmter Opernsänger aus Italien in Stormarn gelebt hat. Dr. Dr. Axel Lohr aus Stormarn hat in den Unterlagen seines Großvaters sowie in alten Kirchenbüchern viel Wissenswertes über die Geschichte des Gutes Jersbek gefunden. Daraus ist ein Buch entstanden, auf das sich die folgende Zusammenfassung stützt. In „Die Geschichte des Gutes Jersbek von 1588 bis zur Gegenwart" beleuchtet Lohr insbesondere das hochinteressante Leben des italienischen Kastraten Filippo Finazzi, den es im 18. Jahrhundert als Opernsänger erst nach Hamburg und schließlich nach Stormarn, und zwar nach Jersbek, geführt hat.

Von der Knabenstimme zum Sopran

Entdeckt hat Lohr die Geschichte im Bestattungsbuch des Sülfelder Pastors Hans Christian Andresen, der Finazzis Lebensgeschichte handschriftlich nach einem „von ihm selbst (...) eingehändigten Aufsatz" aufgezeichnet hat. Filippo Finazzi, berichtet der Pastor dort, wurde 1705 in der Lombardei in Italien als Sohn eines Juristen geboren. Nach dem Schulbesuch und dem Besuch des Gymnasiums studierte Finazzi als 16-Jähriger Musik und wurde bald wegen seiner ungewöhnlich hohen Stimme in Venedig als Opernsänger bekannt.

Das Ereignis, das aus dem Knaben einen Sopran machte, ist nicht überliefert, wohl aber war es im 18. Jahrhundert keine Seltenheit, Jungen mit hoher Stimme noch vor Einsetzen des Stimmbruchs zu kastrieren, um die schöne Stimme als sichere Geldeinnahmequelle zu bewahren.

Kastraten waren im europäischen Musikleben des 17. und 18. Jahrhunderts beliebt und genossen oft hohes Ansehen. Zu den berühmtesten Kastraten des 18. Jahrhunderts zählen Senesino, Farinelli, Cafarelli und Antonio Bernacchi. Sie waren gefragte Sänger, ihr Genre war vorzugsweise die Oper. Oft übernahmen sie Frauenrollen, denn die Kirche verbot den Frauen, öffentlich auf der Bühne zu singen. Auch der junge Finazzi machte zunächst in Italien Karriere, zog mit einer reisenden Truppe nach Breslau und kehrte anschließend wieder in seine Heimat zurück. 1733 trat er im Spanischen Erbfolgekrieg als Rittmeister unter dem König von Sardinien ins Heer ein und gelangte als österreichischer Kriegsgefangener nach Linz. Hier wurde er Mitglied der reisenden Operntruppe Pietro Mingottis.

Auf Operntournee durch Deutschland
Pietro Mingotti war Intendant einer italienischen Operngesellschaft, die durch Deutschland und angrenzende Länder zog, um in größeren Städten gegen Eintrittsgeld einfachen Bürgern oder fürstlichen Hofgesellschaften Opern darzubieten. Seine Blütezeit erlebte er in den Jahren von 1740–1755.

Im Hamburger Opernhaus wurden Werke aufgeführt, die Finazzi selbst komponiert hatte, darunter eine Oper und eine Operette. In der Hamburger Oper wird Bendix von Ahlefeldt, Gutsherr von Jersbek und begeisterter Mäzen der Hamburger Oper, 1754 auf Finazzi aufmerksam. Der hoch gebildete Sänger lebte in Hamburg als angesehener Mann, sprach mehrere Sprachen und finanzierte sein Leben unter anderem durch Gesangsunterricht.

1738 hatte das privatwirtschaftlich geführte Opernhaus infolge von Misswirtschaft und nachlassendem Publikumszuspruch schließen müssen. Das Haus wurde aber bis zum Abriss 1763 noch als Bühne für herumziehende Komödiantengruppen genutzt. So gelangte auch die italienische Oper nach Hamburg. Bendix von Ahlefeldt, der ein großer Musikliebhaber und zeitweilig Direktor der Hamburger Oper war, bot Finazzi an, nach Barg-

Gut Jersbek – Sitz des Mäzens des Kastraten Filippo Finazzi.

feld-Rögen in Stormarn auf sein Gutsgebiet zu ziehen. Dort ließ er 1755 ein Haus mit angrenzendem Land für ihn bauen, das wegen des weit gereisten Bewohners in Stormarn als die „Lombardei" bekannt wurde. Finazzi wird wahrscheinlich häufig auf Gut Jersbek Gast gewesen sein, wo von Ahlefeldt ein reges kulturelles Leben unterhielt und im Gartenhaus seines Parks Opern aufführen ließ.

Hohes Ansehen statt Hohn und Spott

Drei Jahre später ereilte Finazzi das Missgeschick, sich beide Beine zu brechen. Damals lernte der 52-Jährige die junge Witwe Anna Steenmatz aus Hammoor kennen, die mit ihrem dreijährigen Sohn mehr schlecht als recht über die Runden kam. Sie nahm sich Finazzis an, pflegte ihn gesund und führte ihm den Haushalt. Dabei kamen die beiden sich so nahe, dass Finazzi Anna 1761 einen Heiratsantrag machte. Obwohl Finazzi im Gegensatz zu manch anderen Kastraten, die sich Hohn und Spott ausgesetzt sahen, in Stormarn wie auch in Hamburg, wo er weiterhin die Winter verbrachte, hohes Ansehen genoss, weigerte sich der Sülfelder Pastor, die Trauung vorzunehmen.

Dass aus Anna und Filippo dann doch noch ein Paar wurde, ist dem späteren Hamburger Bürgermeister Schuback zu verdanken, der auf Bitten Finazzis die Ehe schließlich genehmigte. Die wurde in Hamburg-Moorfleet neben einer Kirche geschlossen.

Inwieweit die Ehe auch vollzogen wurde, ist nicht überliefert – Kastraten konnten durchaus noch sexuell aktiv sein, wenn auch keine Kinder zeugen. Finazzi starb 1776 an einem Schlaganfall. Der Name „Lombardei" hat die Erinnerung an den italienischen Opernsänger bis heute lebendig erhalten.

Dorfputz in Bargteheide

Nach dem Krieg sah es grau aus in den Städten und Gemeinden in Stormarn. Vieles war zerstört worden, der Kreis vor den Toren Hamburgs hatte durch Flüchtlinge enorm an Einwohnern gewonnen, und erst allmählich besann man sich nach 1945 auf den Wiederaufbau. Bargteheide war damals zwar noch ein Dorf, aber eines, das auf sein Aussehen bedacht war. 1951 regierte Julius Gerken als Bürgermeister und ließ als erste zusammenhängende Neubaumaßnahme die „Neue Straße" bebauen. Damals beschloss eine Handvoll Bargteheider

Der VVB bei einer Pflanzaktion.

Bürger, am Aussehen ihres Heimatortes mitzuwirken. Sie gründeten deshalb 1951 den „Verschönerungsverein Bargteheide" (VVB) mit dem Ziel, in Selbsthilfe das Erscheinungsbild ihres Dorfes zu verschönern.

Zehntausende Zwiebeln in sechs Jahrzehnten

Freizeit und Arbeitskraft sollten dafür sorgen, ehrenamtlich aufzuräumen, zu pflanzen und zu verschönern, wo es sich anbot. 45 Mitglieder waren schon bei der Gründung dabei, und bis zur ersten Sitzung wuchs die Zahl auf 100 an. „Das Programm sah neben der Instandsetzung von Anlagen, Plätzen, der Teiche im Ort,

der Aufstellung von Bänken und vieler anderer Arbeiten auch die Entfernung des Splittergrabens vor Höker Schacht vor", berichtet die Chronik „50 Jahre VVB". Nachdem die Spuren des Krieges verschwunden waren, wandte der VVB sich der Zukunft zu. Die sah in Bargteheide blühend aus, denn schon lange gehört es zur Arbeit der Freiwilligen, entlang der Straßen und Plätze Krokus- und Narzissenzwiebeln zu pflanzen. In bislang sechs Jahrzehnten sind so Zehntausende Zwiebeln gepflanzt worden.

Aber auch, was andere säen, interessiert die Vereinsmitglieder: Seit 1955 sieht man während der Gartensaison immer wieder mal eine Gruppe Bargteheider in anderer Leute Vorgärten spähen. Das ist die Jury des VVB, die jedes Jahr die zehn schönsten, auffälligsten oder besonderen Vorgärten des Jahres auswählt. Im Herbst werden die zehn Sieger gekürt,

die mittlerweile aus immer anderen Teilen Bargteheides kommen – die Zeiten, wo das ganze Dorf unter die
Lupe genommen wurde, sind lange vorbei. Mittlerweile ist Bargteheide eine wachsende Stadt, in der immer
wieder Neubaugebiete entwickelt werden. Seitdem wird
die Trophäe für den Schönheitswettbewerb reihum nach
Stadtteil ausgelobt. Pannen blieben dabei nicht aus:
Weil es wie aus Eimern schüttete, beschränkte sich die
Jury einmal darauf, beim letzten Blick in den Siegergar-
ten aus dem Auto heraus die Hausnummer zu notieren,
berichtet die Chronik. „So kam es, dass ein simpler Ge-
müsegarten zum Erstaunen seines Besitzers Sieger beim
Vorgartenwettbewerb wurde."
Damit man die neue Schönheit des Dorfes auch entsprechend bewundern konnte, entstand 1952 die Idee, überall im Dorf Ruhebänke zu verteilen, die von Stiftern
und Sponsoren finanziert wurden. 1953 stand die erste
Bank, mittlerweile sind es 150, die auf Wunsch den Namen des Gebers tragen. 1952 war es auch, dass erstmals
in der Dorfmitte eine große Weihnachtstanne aufgestellt
wurde. Während die nur während der Adventszeit als
Blickfang dient, kann man das Wappenbeet der Stadt
das ganze Jahr über betrachten. 1997 wurde es in der
Grünanlage an der Rathausstraße angelegt und erblüht
seitdem dreimal im Jahr, gut gepflegt vom VVB. Der
sorgt auch mit Hinweistafeln dafür, dass die alte Dorfgeschichte nicht vergessen wird, und weist Wanderern
mit Wanderwegen und Schildern den Weg ins Grüne.

Wanderwege und Wasserscheide
Apropos Wandern – zu den Aktivitäten der mittlerweile
knapp 500 Vereinsmitglieder gehörte immer schon die
Freizeitgestaltung in Form von geselligen Abenden, in-
teressanten Vortragsangeboten, Wander- und Radwan-
dertouren in die nähere Umgebung. Auch auf die eigenen touristischen Attraktionen in Bargteheide hat der

VVB geachtet. So steht bis heute auf dem Marktplatz eine alte Wasserpumpe, die mit einem Holzschnitzwerk ummantelt ist. 1954 wurde die Umkleidung durch Albert Steckmeister und Clemens Kranig fertiggestellt. Die Schnitzereien erinnern an Bargteheider Originale: den Schäfer, den Schinderhannes und den Nachtwächter, der in Bargteheide noch lange unterwegs war. Vor einiger Zeit hat der VVB die arg verwitterte Figur des Wasserträgers restaurieren lassen.

Interessant ist auch das Phänomen der Wasserscheide, das Bargteheides Wasser mit gleich zwei Meeren verbindet. Bargteheide liegt so, dass das Regenwasser in zwei Richtungen abfließt. Auf der einen Seite der B 75 wählt es den Weg über Beste und Trave in die Ostsee, auf der gegenüberliegenden Seite strömt es über Alster und Elbe in die Nordsee. Der Verschönerungsverein hat 1996 mit einem selber gestalteten Schild auf diese Kuriosität aufmerksam gemacht.

Frühjahrsputz als Umweltaktion

Saubermachen macht alleine keinen Spaß, in der Gruppe kann es aber sehr lustig sein. Nach dieser Devise erdachte der VVB im Jahre 1972 den Frühjahrsputz, der bald zumindest in ganz Stormarn, wenn nicht gar in Schleswig-Holstein Schule machte. Bis heute ist der Verein stolz darauf, eine Umweltbewegung angestoßen zu haben, die sich überall durchgesetzt hat. Begleitet von Landwirten aus dem Dorf, die Traktor und Anhänger zur Verfügung stellten, gingen die Bargteheider am 7. Mai 1972 erstmals ins Grüne, um Müll zu sammeln. Seitdem rufen sie jedes Frühjahr zum Sammeln auf, und viele der Helfer beweisen ihren Fleiß schon in zweiter und dritter Generation. Spannend ist neben dem Miteinander jedes Jahr wieder auch die Frage, was dabei zutage gefördert wird. Von einer geladenen Pistole über Teppiche und alte Möbel bis hin zu Zeitungsstapeln und eine prall gefüllte

Brieftasche war alles schon dabei. Letztere konnte ihrem glücklichen Besitzer zurückgegeben werden: Ein Hausmeister hatte das Geld abgehoben, weil er sich ein neues Auto kaufen wollte. Beim Einsteigen in das alte Auto hatte er seine Brieftasche aber aufs Autodach gelegt und dort vergessen. Monate später klaubten die Helfer sie aus der Feldmark. Für alle Helfer gibt es hinterher Erbsensuppe und Getränke und für die Kinder eine Kugel Eis – auch wenn sie keine Brieftaschen finden.

Dem Verschönerungsverein ist es auch zu verdanken, dass das Bargteheider Zentrum noch seinen alten Dorfteich hat. Als Pläne laut wurden, den unbefestigten Tümpel, der den Namen „Pansenteich" trug, weil früher der angrenzende Fleischer darin die Innereien seines Schlachtviehs ausgewaschen hatte, zuzuschütten, hatte der VVB die Idee, daraus einen ansprechend gestalteten Dorfmittelpunkt zu machen. In der Vergangenheit hatte der Teich als Regenrückhaltebecken, Feuerlöschteich und als Wasserspender für umliegende Handwerksbetriebe gedient. Mit großen Teilen seiner Rücklagen half der VVB mit, die Anlage 2008 zu säubern, zu befestigen und ansprechend zu gestalten. Attraktiver Anziehungspunkt ist die „Sprachdusche" der Hamburger Künstler Matthias Berthold und Andreas Schön. Auf Knopfdruck lässt sie Tonaufnahmen hören, die von Bargteheider Bürgern zum Thema Wasser erdacht wurden.

Die Ortskundliche Sammlung

Da war Bargteheide schon längst zur Stadt geworden: 1970 hatte der damalige Bürgermeister Karl Eduard Claussen dafür gesorgt. Das Ereignis wurde damals entsprechend gefeiert, und natürlich wollte sich auch der VVB nicht lumpen lassen. „Ut de Dörptied" lautete der Titel einer Ausstellung, für die der Verein zum Sammeln heimatkundlicher Gegenstände aufgerufen hatte. Damals kamen so viele interessante Dinge zusammen, dass die Ausstellung ein großer Erfolg wurde. Überwältigend viele Besucher wollten sehen, wie es im Dorf früher gewesen war, sodass der VVB schließlich beschloss, aus der Ausstellung ein Heimatmuseum zu bestücken. Die „Ortskundliche Sammlung Bargteheide" wurde durch den finanziellen und ideellen Einsatz des Verschönerungsvereins Bargteheide ermöglicht. Kreis, Stadt, Stifter und Bürger halfen mit, dass das Museum in der Hamburger Straße 3 eingerichtet werden konnte.

Zehn Räume beherbergen eine lebendige und anschaulich aufgearbeitete Ausstellung zur Zeitgeschichte Bargteheides von der Steinzeit bis zur Stadtwerdung. Eine Kelle mit Sieb aus der Bronzezeit, die Original-Einkoppelungskarte Bargteheides, nach der ein Ortsmodell gestaltet wurde, anhand dessen Schulkindern die Dorfgeschichte erklärt wird, landwirtschaftliche Geräte, Haushaltsgegenstände von anno dunnemal oder alte Handarbeiten sprechen von Zeiten, als vieles noch mit der Hand gemacht wurde. Besonderheiten sind auch ein alter Webstuhl für Flachs und Wolle oder die vollständige Steinmatz'sche Schmiede von 1854, eine Sattlerei und eine Imkerei. Wilhelm Postl, der seit 1953 dem VVB angehörte, übernahm die Leitung der Sammlung und hat bis zu seinem Tod zur Heimatgeschichte Bargteheides geforscht und veröffentlicht. Neben der ständigen Ausstellung veranstaltet das Museumsteam regelmäßig Sonderausstellungen, die sich Themen oder Personen widmen, die für Bargteheide eine Rolle gespielt haben.

Immer zur Weihnachtszeit lohnt sich der Blick durchs Fenster besonders: Dann wird in einem Museumsraum im Erdgeschoss eine alte Weihnachtsstube aufgebaut. Zusätzlich gibt es Aktionstage, die beispielsweise mit Waschtagen wie früher vor allem Schüler begeistern.

Plattdeutsch auf der Bühne

Zur Tradition des ehemaligen Dorfes gehört nicht nur altes Handwerk, sondern auch die Sprache der Dorfbewohner, das Plattdeutsch. Jahrelang hatte die „Bargteheider Speeldeel" Theaterstücke in Niederdeutsch aufgeführt, bis die Aktivitäten zum Erliegen kamen. Der VVB konnte 1976 einige der ehemaligen Schauspieler dazu bewegen, ihr Spiel in der neu gegründeten „Niederdeutschen Laienspielgruppe des Verschönerungsvereins Bargteheide" wieder aufzunehmen. Ziel war es, das Plattdeutsche zu pflegen und die Bargteheider zu unterhalten. „Stick un Stump" hieß 1976 der Einakter, mit dem die Bühnenlaufbahn der Gruppe begann. Durch den Beitritt zum Landesverband der Amateurtheater Schleswig-Holstein 1989 erarbeiteten sich die Laienspieler über Seminare und Ausbildungsangebote ein hohes Niveau, das Spielern und Zuschauern gleichermaßen zugute kommt. Höhepunkt ist seit 1990 das Weihnachtsmärchen des VVB, das jedes Mal bekannte Kinderklassiker zeitgemäß auf die Bühne bringt. So gut sind die Stücke, dass die Laienspielgruppe damit auch mehrere Gastspiele pro Jahr bestreitet. Seit 1987 verleiht das Theaterspiel mit Straßentheater und Puppenspiel alle zwei Jahre dem Bargteheider Stadtfest zusätzlichen Charme.

Der VVB geht buchstäblich mit der Zeit, wenn er Bürger und Neubürger fünfmal im Jahr zu einem „Stadtgeschichtlichen Rundgang" durch Bargteheide mitnimmt. Dabei erfährt man allerlei Wissenswertes über alte Häuser, die Kirche oder den ehemaligen Pferdemarkt, denn Bargteheide war als Marktflecken schon früher gut besucht. Mit einer Aktion stellt der VVB seit Jahren sicher, dass er auch in der Zukunft mit dem Ort verwachsen bleibt: Jedes Jahr pflanzt der Verschönerungsverein einen Baum des Jahres in der Stadt.

Ein Bildhauer von Rang in Rohlfshagen

Stormarn ist ein Landkreis, der zwischen den bedeutenden Städten Lübeck und Hamburg liegt. Bis heute gilt der Süden als Speckgürtel Hamburgs, während der Norden fast schon wieder Lübeck ist. Immer wieder mal hat sich in Stormarn eine Berühmtheit niedergelassen, die über den einen oder anderen Stadtrand gezogen ist und dadurch plötzlich Stormarner wurde. Richard Kuöhl war so ein berühmter Mann, den es nach dem Bombenhagel auf Hamburg 1943 nach Rohlfshagen verschlagen hat, wo er in der reetgedeckten Schäferkate in der Butz, die er eigentlich zehn Jahre vorher als Alterssitz gekauft hatte, ein neues Atelier aufmachte. In der Folge hat der Künstler überall in Stormarn seine Spuren hinterlassen.

Von Dresden nach Hamburg
1880 in Meißen geboren, studierte Kuöhl in Dresden an der Kunstgewerbeschule und folgte 1912 seinem Professor, dem Architekten Fritz Schumacher, nach Hamburg, wo jener Oberbaudirektor wurde. Dort hat Kuöhl zahllose Gebäude mit seinen Bauplastiken verziert, die teils volkstümlich-märchenhaft, teils expressionistisch sind. Das Hamburger Chilehaus trägt seine Handschrift, die Davidwache, das Ehrenmal auf dem alten Friedhof Bad Oldesloe, das umstrittene Kriegerdenkmal „Regiment 76" am Dammtorplatz oder der Ohlsdorfer Friedhof. Aber auch der „Gänselieselbrunnen", das Wahrzeichen der Stadt auf dem Marktplatz in Bad Oldesloe, zeugt von seiner fantasievollen Arbeit.
Von 1948–1952 arbeitete ein Stormarner im Atelier des Künstlers mit, bei dem er in Hamburg in die Lehre gegangen war. Richard Kuöhl hat ihn als Modelleur und Stukkateur ausgebildet, und sein ehemaliger Schüler denkt noch gerne an seinen berühmten Lehrmeister zu-

Zwei Figuren aus dem Nachlass Richard Kuöhls im Stormarnschen Dorfmuseum in Hoisdorf.

rück. „Er war immer ganz Mensch", so sein Urteil, „man spürte gar nicht, dass er der Chef war."
Aus der Zeit mit dem Künstler, der 1961 in Rohlfshagen starb, erinnert er sich an eine besondere Anekdote: So sollte Richard Kuöhl einmal die Totenmaske eines Verstorbenen anfertigen, der noch in seinem Haus aufgebahrt worden war. Als gerade der Gips für den Abdruck angerührt worden war, fiel dem Toten plötzlich die Kinnlade herunter. Da holte Kuöhl einfach ein Brikett aus der Ecke und klemmte den Unterkiefer damit fest. Danach konnte er in Ruhe arbeiten und eine schöne Maske des Toten anfertigen.

Mitglied der Hamburgischen Sezession
Kuöhl hat mit der Klinkerkeramik eine wetterfeste Baukeramik erfunden, die in ganz Norddeutschland zu finden ist. Seine Werke wurden gut bezahlt, und sein Schüler erinnert sich noch an eine Fahrt in der Straßenbahn mit wertvoller Fracht, die er in einem Spankorb dabeihatte und für die ein Vermögen gezahlt wurde.

Vor dem Krieg war Kuöhl Mitglied der Künstlervereinigung „Hamburgische Sezession", die sich dafür einsetzte, Hamburg gesellschaftspolitisch zu einer künstlerfreundlicheren Stadt zu machen und den Künstlern eigene Treffpunkte nach Wiener Vorbild einzuräumen. Später wurde die Künstlervereinigung von den Nationalsozialisten aufgelöst. Nach der Machtübernahme durch die Nazis erfüllte Kuöhl kritiklos die künstlerischen Vorgaben der neuen Machthaber und löste damit nach dem Krieg viel Ablehnung aus. Nach 1945 wandte sich Kuöhl gänzlich unpolitischen christlich-märchenhaften Motiven zu, oft auch Tierdarstellungen und Motiven aus der Volkskunst.

Neue Heimat in Rolfshagen

In Rohlfshagen fand Kuöhl nach Ende des Krieges eine neue Heimat, wo er fast zwanzig Jahre lang weiterarbeiten konnte. Von ihm stammen die Kriegerdenkmäler in Bad Oldesloe und Trittau und wahrscheinlich auch das in Großhansdorf. Auch ging aus seiner Werkstatt der „Jüngling aus Rohlfshagen" hervor, der zu Kuöhls Lebzeiten in seinem Garten stand. Heute findet man ihn vor der Stormarnhalle in Bad Oldesloe. Kuöhls Werke zieren auch als Relief das Kreishaus und das Haus der Kreisbauernschaft in Bad Oldesloe sowie die Kate des Kirchenbegründers Menno. Albrecht Iwersen berichtet in seinem Aufsatz über den Künstler, dass Kuöhl bei den Menschen aus seiner Nachbarschaft sehr geschätzt war. Sie haben ihn – so wie auch sein einstiger Schüler – als höchst umgänglichen Menschen in Erinnerung.

Aus seiner Werkstatt in Hoisdorf, wo Kuöhls Tochter lebte, sind eine ganze Reihe von Gipsmodellen erhalten, die heute zum Bestand des Stormarnschen Dorfmuseums in Hoisdorf gehören. Sie waren nach dem Auszug der Tochter Kuöhls auf dem Dachboden eines Wagenschuppens entdeckt worden. Dazu gehören Gussformen für ein Eichhörnchen, eine Ente und verschiedene Säulen. Im Bestand des Museums finden sich auch einige sehenswerte expressionistische Skulpturen des Künstlers aus Bronze und Holz, die das Museum dazukaufen konnte – 1906 schon hatte Kuöhl eine Silbermedaille für sein Holzspielzeug bei der Dresdner Kunstgewerbeausstellung gewonnen. „Der erste deutsche Bundespräsident Theodor Heuss sah in Kuöhl sogar einen herausragenden Bildhauer für Norddeutschland", schreibt Albrecht Iwersen über Richard Kuöhl.

Brunnen in Bad Oldesloe

Eine weitere Skulptur Richard Kuöhls in Stormarn steht im Park Wulfriede der Klinik Manhagen und zeigt einen Jungen und ein Mädchen mit einem Buch in der Hand. Einst gehörte das Gelände dem Hamburger Kaufmann Oskar Tietz, der am Jungfernstieg das „Alsterhaus"-Kaufhaus gegründet hatte, ehe es um 1900 von der Familie Dr. Max Albrecht aufgekauft wurde. Der Kaufmann – ebenfalls aus Hamburg – ließ unter Leitung eines Gartenarchitekten den weitläufigen Park anlegen, den sein Sohn Dr. Ernst Albrecht 1927 übernahm. Die Plastik hat man bis heute im Park belassen.

Der „Gänselieselbrunnen" aus Terrakotta in Bad Oldesloe wurde 1926 anstelle des alten gusseisernen Marktbrunnens errichtet. Richard Kuöhl hat ihn in seiner Rohlfshagener Kate gebaut und wählte ein gängiges Brunnenmotiv, das mit der Gänsemagd eine Alltagsszene aufgriff. Auftraggeber für das 3,70 Meter hohe Kunstwerk war der Bad Oldesloer Margarinekaufmann Heinrich Bölck, der mit einem Rabattsystem zu Geld gekommen war und seiner Heimatstadt etwas Gutes tun wollte. Auch Hamburg hat mit dem „Hummelbrunnen" ein Wahrzeichen aus der Werkstatt Richard Kuöhls.

Die reetgedeckte Kate in Rohlfshagen ist später abgebrannt und als Wohnhaus neu aufgebaut worden.

Der Streit ums Weihnachtslied

„Stille Nacht, heilige Nacht" – dieses Lied gehört zu Weihnachten wie die Lebkuchen, der Tannenbaum und das Gezänk mit der Familie. Deshalb war der Aufschrei groß, als einmal ausgerechnet dieses Lied nicht in der Liste der Weihnachtslieder auftauchte, die Stormarner Schülern zum Singen empfohlen wurden. Im Dezember 1952 gelangte diese Geschichte um den Stormarner Schulrat Gustav Heitmann bis in die Tageszeitungen: Der hatte für Stormarner Schulen eine Empfehlung für 22 Weihnachtslieder herausgegeben, die zur Adventszeit im Unterricht zu singen seien. Die Liste nannte sowohl traditionelle als auch moderne Lieder, aber „Stille Nacht" war nicht dabei. „Damit nicht genug: In einer internen Sitzung hatte es Schulrat Heitmann gewagt, dieses Lied als ‚süßlich und kitschig' zu bezeichnen – was an die Öffentlichkeit drang", berichten Norbert Fischer und Barbara Günther in der Stormarner Chronik über den Vorfall.

Von Stille konnte nun erst mal keine Rede mehr sein, jeder machte seiner Empörung Luft. Allen voran die evangelische Kirche, die das „traditionelle Liedgut" in Gefahr sah. Dabei war das Lied „Stille Nacht" noch gar nicht so alt: Franz Xaver Gruber hatte es erst 1818 komponiert, angeblich für Gitarrenbegleitung, weil die Kirchenorgel nicht richtig funktionierte. Allerdings folgte darauf ein schneller Siegeszug durch alle Kehlen bis hin nach Amerika, nicht zuletzt dadurch unterstützt, dass „Stille Nacht" das Lieblingslied Königs Friedrich-Wilhelms IV. von Preußen war.

Der Angriff auf der Deutschen liebstes Weihnachtslied bekam Heitmann nicht gut: Im Stormarner Kreistag, so Fischer, hatte er von den Jungdemokraten über den Stormarner Schriftstellerkreis bis zum Reichsbund der Kriegsbeschädigten, Sozialrentner und Hinterbliebenen

Bad Oldesloe im Winter.

alle gegen sich und wurde schließlich beurlaubt. „Heitmann mußte gehen", titelte am 18.12.1953 das „Hamburger Abendblatt", Begründung: Er habe „seine Dienstbefugnisse weit überschritten."

Allerdings gab es auch Unterstützer des Schulrats. In seiner Meinung, das Lied sei kitschig, war sich Heitmann mit vielen Musikpädagogen einig, und auch der Stormarner Kreisverband der Gewerkschaft Erziehung und Wissenschaft hielt dem Schulrat die Treue. Schließlich wurde er im März 1953 wieder in sein Amt eingesetzt. „Schulrat Heitmann wieder im Amt", titelte nun am 19. März 1953 das Blatt. „Stille Nacht" wird nach wie vor gesungen, auch in den Schulen, und gilt heute Heitmann zum Trotz als das bekannteste Weihnachtslied der Welt. Die Zukunft des Liedes scheint inzwischen gesichert: Es ist mittlerweile in Österreich, wo es komponiert wurde, zum immateriellen UNESCO-Kulturerbe erklärt worden.

Ein moderner Hexenprozess

In einer dunklen Nacht Mitte der Fünfzigerjahre wanderte eine Frau aus Kuddewörde gemeinsam mit einer anderen Frau über den Friedhof. Dort schlug sie einen Nagel in eine Eiche, um damit den angeblichen Bann zu brechen, den ein Hexer über sie gelegt hatte, getreu dem Spruch: „Wenn man Böses dir getan, nagele es an der Eiche an." Den Rat hatte ihr eine Heilerin gegeben. 1956 landete die Heilerin aufgrund ihrer Praktiken vor Gericht. Damals wurde ausführlich über den Trittauer Hexenprozess vor dem örtlichen Amtsgericht berichtet, in dem die Angeklagte schließlich zur Zahlung von 35 Mark Strafe verurteilt wurde.

Die Angeklagte gehörte zu den vielen Heilern, Besprechern und Handauflegern, die seit Generationen das Vertrauen ihrer Kundschaft gewinnen und oft auch erstaunliche Heilungserfolge aufweisen können. So arbeitete die „weise Frau" erfolgreich gegen Gürtelrosen, verschiedene Ekzeme, Koliken oder Furunkeln. „Komm her, ich will dir helfen", soll die Heilerin einen Landwirt angesprochen und ihn innerhalb weniger Tage von seinen großen Furunkeln am Hals befreit haben.

Von der Mutter gelernt

Auf Befragung gab die Angeklagte an, ihr Handwerk mit vierzig Jahren von ihrer Mutter gelernt zu haben. Sie habe Kranke geheilt, die unaufgefordert zu ihr gekommen seien. Bezahlen ließ sie sich dafür nicht, wohl aber gab es eine „Anerkennung", die von Nahrungsmitteln bis hin zu Geldzahlungen reichte.

Im Zeugenstand sagten damals einige Menschen aus, dass sie durch die Kunst der Angeklagten geheilt worden waren. Einer hatte an Gürtelrose gelitten und sagte aus, dass auch seine Mutter schon dasselbe gehabt habe. Ihr habe damals ein Arzt geraten, zu einer „weisen Frau" zu

Der „Trittauer Hexenprozess" – eine Gerichtsszene.

gehen, was ihr wie jetzt auch ihm gut geholfen habe. Ein
Zweiter gab an, durch die Angeklagte von seinen Koliken geheilt worden zu sein, derentwegen er schon in eine
Kur hätte gehen sollen, ein Dritter lobte die Frau, weil
sie seine Furunkel besprochen habe und diese dadurch
verschwunden seien.

Gesundheitsfördernde Tees

Die „Lübecker Nachrichten" schrieben bei ihrer Berichterstattung: „Nur einer sagte aus, daß ihm ihre Kunst nicht geholfen habe." Das war der Mann, den die Angeklagte als „Hexer" angesehen hatte und dem sie deswegen auch schon einmal Tees verschrieben hatte. Als er – misstrauisch geworden – die Tees von einem Apotheker untersuchen ließ, stellte sich heraus, dass es durchaus gesundheitsfördernde Kräutertees waren.

Im Falle der „verhexten" Frau handelte es sich um eine Schwerkranke, die sich von der Angeklagten gegen Wassersucht behandeln ließ, wohl auch erfolgreich. Die Patientin war zum Zeitpunkt des Prozesses nicht mehr am Leben. Die Hamburger Zeitung zitiert den Richter: „Wäre der Tod aufgrund Ihrer Behandlung eingetreten, so stünden Sie jetzt hier wegen Mord." Mit dem Tod der Frau, so das Gericht, hatte die Angeklagte allerdings nichts zu tun. Sie hatte ausschließlich harmlose Beschwerden behandelt, zumeist mit Erfolg. Dabei berief auch die Angeklagte sich auf alte Bräuche, behandelt habe sie die Kranken aus Menschlichkeit.

Schließlich endete der Prozess mit dem Urteil, dass Besprechen nicht verboten ist. Bestraft wurde die Heilerin, die stolz angab, dass ihr kein Fall bekannt sei, wo ihre Heilkunst versagt habe, weil sie ihre Begabung beruflich ausgeübt hatte.

Reinfeld: Ein Karpfen regiert die Stadt

1186 haben sich Zisterziensermönche in Reinfeld angesiedelt, die den Fluss Heilsau aufstauten und so den 60
Hektar großen Herrenteich schufen, der bis heute der
Karpfenzucht dient. „Die Fischzucht nahm innerhalb
der Wirtschaftsbetriebe im klösterlichen Nahrungsan-
gebot auch wegen des ansonsten regelgemäßen Fleisch-
verbots eine gesonderte Stellung ein", heißt es in einem
Text der Zisterzienser-Abtei Himmerod. „Modern und
ökologisch sind heute noch die ursprünglichen Metho-
den in Aufzucht, Teichdüngung und Teichbau. Bekannt
in aller Welt ist die Bezeichnung ‚Mönch' als Regulator
des Wasserstandes am Teichausfluss."

Karpfen als Markenzeichen
Auch in Reinfeld ließen sich die Zisterzienser nieder
und begründeten die Fischwirtschaft, die bis heute in
Stormarn Bestand hat. Wo man jahrhundertelang in
Ruhe den Fisch verzehrte, hatte 1949 Hermann Schuldt,
später erster hauptamtlicher Bürgermeister Reinfelds,
die Idee, den Karpfen zum Markenzeichen zu machen
und Reinfeld durch ein großes Fest touristisch zu vermarkten. Ab 1951 fand das Fest als großes Stadtfest mit
Attraktionen und Vorführungen nebst Festumzug alle
zwei Jahre statt. Norbert Fischer ist der Erfindung des
Festes nachgegangen.

Karpfenfest mit großem Erfolg
Die Wirkung des Festes war enorm. Die Besucher ström-
ten teils mit Sonderzügen aus Hamburg und Lübeck,
aber auch aus anderen Teilen Deutschlands herbei, um
die Feierlichkeiten zu erleben. „Mit einem launigen In-
termezzo wurde dem Bürgermeister dann für seine Fest-
herrschaft das Neptun-Zepter, der Dreizack, überreicht.
Drei Kulturfilme, die Dr. Lichtwark ansagte, und ein

Szene aus dem Festspiel zum Karpfenfest.

von Heinrich Gahl geschriebenes Karpfenlied bildeten
den Ausklang", beschreibt eine zeitgenössische Zeitung
den Auftakt der Feierlichkeiten.

Das Reinfelder Karpfenfest entwickelte sich schnell zu
einem überregionalen Ereignis, zahlreiche Veranstal-
tungen umrahmten den eigentlichen Fischzug. So gab es
Tontaubenschießen, Feuerwerk und den Festumzug mit

allerlei Meeresgestalten aus der Sagen- und Märchenwelt. Die Zeitung beschrieb in den Fünfzigerjahren einen Festakt in aller Schönheit: „Als am Nachmittag der von Kunstmaler Schubert entworfene, von Oberspielleiter Ludwig inszenierte und von den Herren Loch und Moritz ausgestattete Neptun-Festzug durch die Straßen zog, erreichte die Stimmung ihren Höhepunkt. Tausende umsäumten die Straßen, während die bunte Schar der Fischer, Sirenen, Nixen, Wasserrosen, Sumpfdotterblumen, das Sternlein mit dem Mond, Nöck und der drollige Frosch im Gefolge des Meeresgottes Neptun mit seiner Gattin zur Festbühne an der neuen Schule zog. Hier begann das eindrucksvolle, von Robert Ludwig geschriebene und in Szene gesetzte Festspiel, das eine große Zuschauermenge angelockt hatte." Der „Nöck" ist übrigens ein Wassermann, eine Art männlicher Wassergeist.

Für die Kinder hatten die Organisatoren Clowns, Zauberer, Kasperletheater und einen Luftballonflug-Wettbewerb initiiert. Am Sonntag besuchten viele Schaulustige das „Durchschleusen" der Karpfen und das anschließende Abfischen. Damit wurde die kulinarische Karpfensaison in ganz Norddeutschland eröffnet. „Den wirkungsvollen Abschluss aller Festlichkeiten bildete das Abendkonzert mit Fackelbeleuchtung vor dem Rathaus", schrieb der Journalist. Dass der damalige Bürgermeister mit dem Karpfenfest eine gute Idee hatte, beweist die Gegenwart: Bis heute hat sich das Reinfelder Karpfenfest als Magnet für Besucher erhalten.

Die Moderne kommt nach Wulfsdorf

Im heutigen „Haus der Natur" in Wulfsdorf bei Ahrensburg fuhr einst der erste Fahrstuhl Schleswig-Holsteins. Er zeugte vom technischen Verstand des Erbauers, des Ingenieurs Hermann Vering, der das stattliche Gutshaus 1905 anstelle des vorherigen Baus errichten ließ. Der Hamburger Ingenieur leitete damals die Firma Vering und hatte sich mit dem Bau der Bahnhöfe in Frankfurt und Hannover, mit dem Bau des Hamburger Hafens, des Nord-Ostsee-Kanals und des Hafens von Tsingtau in China einen Namen gemacht. Für seine Verdienste um den Nord-Ostsee-Kanal verlieh man ihm auf der Pariser Weltausstellung eine Goldmedaille. Auch für den alten Elbtunnel hatte er Pläne gemacht, der allerdings später von einer anderen Firma gebaut wurde. Damals sollen Schimpansen aus Hagenbecks Tierpark mit im Tunnel gesessen haben, um die Sauerstoffzufuhr zu kontrollieren.

Mit dem Aufzug ins asiatische Zimmer
Jener Hermann Vering suchte ein repräsentatives Wohnhaus für sich und seine Familie und fand es in Wulfsdorf. Neben einer kostbaren Einrichtung der Zimmer mit Gegenständen, die Vering unter anderem auf seinen Reisen erstanden hatte, besaß das Haus damals schon den unglaublichen Luxus einer Zentralheizung und den bereits erwähnten Aufzug. Er fuhr in ein asiatisches Zimmer, das nur mittels dieses Aufzugs zu erreichen war. Ulla Hermannes beschreibt in der Chronik „750 Jahre Wulfsdorf" die Bäder mit Jugendstilkacheln, das Jagdzimmer und die großzügigen Fest- und Gartenräume. Auch der angrenzende Hof wurde modernisiert, die Unterkünfte der Arbeiter ausgebaut und mit Sanitärräumen versehen.
Zu Anfang des 20. Jahrhunderts bauten viele Hamburger Kaufleute große Landhäuser und Villen am Stadtrand, die sie als Sommerhäuser oder wie Vering auch als Ganzjah-

reswohnsitz nutzten. Reichlich Personal sorgte dafür, dass die Versorgung reibungslos klappte. Christa Reichardt hat in der Chronik „750 Jahre Wulfsdorf" die Erinnerungen eines ehemaligen Dienstmädchens aufgeschrieben: „Das Haus war ganz erlesen ausgestattet. Im großen Herren-zimmer waren die Wände mit rotem Samt bespannt, das Herrenzimmer beim Herrn Rittmeister dagegen mit gel-ber Seide. Die schwarzen Marmorfensterbänke wirkten dadurch besonders! ... Die Damen hatten ihre Salons. Der eine war in blauer Farbe, der andere in Grau gehalten. In jeder Ecke befand sich eine ausgemauerte runde Nische, in der sich jeweils eine Säule befand. Auf jeder dieser Säulen standen lebensgroße Figuren."

Vering hatte nicht nur das Haus neu gebaut, sondern auch den Park rund um das Haus anlegen und mit drei großen, künstlichen Teichen ausstatten lassen. Enno Vering, der Enkel des alten Vering, hat die Erinnerungen seines Groß-vaters für ein Buch über die Familiengeschichte genutzt. Darin beschreibt er, dass seinem Großvater eine Esche, die damals auf dem Rondell in Ahrensburg stand, so gut ge-fiel, dass er den Baum ausgraben und im Wulfsdorfer Park wieder einpflanzen ließ. Für die ganze Aktion soll er einen hohen Preis gezahlt haben. Heute steht im Park des „Haus der Natur" eine Vielzahl uralter Bäume.

Schwer erziehbare Jugendliche im Gutshaus
Nach dem Tod Verings verkauften die Erben den gesamten Besitz an die Stadt Hamburg, die die Bewirtschaftung des Guts beibehielt und in dem ehemaligen Gutshaus schwer erziehbare Jugendliche unterbrachte. Sie sollten lernen, sich in ein normales Arbeitsleben zu integrieren. Dazu er-hielten sie verschiedene Aufgaben auf dem Hof wie Mel-ken, Versorgung der Tiere und Arbeiten auf dem Betrieb. Untergebracht waren die Jugendlichen in verschiedenen Häusern auf dem Gut Wulfsdorf, aber auch im Herren-haus selbst, wo auch die Wohnung des Anstaltsleiters war.

Das „Haus der Natur" ist heute Sitz eines der ältesten Naturschutzvereine Deutschlands.

Bis nach dem Zweiten Weltkrieg arbeiteten 70 Jugendliche auf dem Gut. Sie hinterließen ihre Spuren auch im alten Herrenhaus, wo vieles in der langen Zeit zerstört wurde. Dagegen halfen die Jugendlichen sofort, als 1962 eine große Sturmflut teilweise die Elb-Deiche brechen ließ und über 300 Menschen das Leben kostete. „Hubschrauber der deutschen und amerikanischen Armee landeten in Wulfsdorf auf der Dorf- und Rehmkoppel am Boxberg und flogen Futtermittel und Heu, welches das Gut sofort zur Verfügung stellte, in die Notgebiete", heißt es in der Chronik. „Wenige Tage später fuhren alle Mitarbeiter des Gutes sowie 30 Zöglinge aus dem Jugendheim freiwillig mit sämtlichen verfügbaren Traktoren und Unimog in das Katastrophengebiet und halfen bei den Aufräumungsarbeiten." Nach dem Krieg war das Staatsgut zusammen mit weiteren Hamburger Gütern für den Gemüseanbau zur

Versorgung der Hamburger Krankenhäuser und Gefängnisse zuständig.

Die Forschung hält Einzug

Spinat, Porree, Kohl und Kartoffeln wurden ab 1948 durch Erdbeeren ergänzt, als das Gelände als Außenstelle an die Max-Planck-Gesellschaft überging. Professor Heinrich von Sengbusch traf 1948 mit einer Reihe Forschungspflänzchen im Auto in Wulfsdorf ein, wo er ideale Bedingungen fand, um seine Erdbeerzucht zu beginnen. Gesucht wurde eine robuste Erdbeersorte, die gut schmeckte und merklich größer war als die bisher bekannte Wilderdbeere. Seine Züchtung gipfelte in der Sorte „Senga Sengana", mit der Wulfsdorf Erdbeergeschichte schrieb. Die neue Sorte erfüllte alle Anforderungen und setzte sich rasch weltweit durch. Auf dem eigens gegründeten Erdbeergut in Wulfsdorf begann die Vermarktung, für die Sengbusch eine eigene Firma gründete, mit großem Erfolg. Neben den Erdbeeren experimentierte Sengbusch auch mit Hanf, Lupinen, Spinat und Champignons. Auch der Versuch, grätenfreie Karpfen zu züchten, gehörte zu seinen Zielen, allerdings mit wenig Erfolg.

Die Arbeit des Professors fand große Resonanz an der Universität Hamburg. Mit den Jahren errang seine Forschung in der Anlage in Wulfsdorf international Anerkennung – die Chronik berichtet von einem Internationalen Kongress für Champignonwissenschaft, zu dem Forscher und Wissenschaftler aus dem In- und Ausland anreisten. Nach Sengbuschs Emeritierung wurde sein Institut in eine Bundesforschungsanstalt für gartenbauliche Pflanzenzüchtung umgewandelt, die in Wulfsdorf viele Versuchsfelder bestellte. Auf dem Gelände der ehemaligen Gutsgärtnerei des Staatsgutes Wulfsdorf befinden sich auch noch die Gebäude der Außenstelle Ahrensburg der Bundesforschungsanstalt für Fischerei, die aus Sengbuschs Forschungen hervorgegangen war, aber mittlerweile aufgegeben wurde.

Haus der Natur

Das große, alte Haus hatte mit den Jahren ziemlich gelitten und war 1980 baulich in schlechtem Zustand, als der „Verein Jordsand zum Schutze der Seevögel und der Natur", einer der ältesten Naturschutzvereine Deutschlands, auf der Suche nach einer Zentrale war. 1907 gegründet hatte der Verein schon 1909 die Hallig Norderoog gekauft, um sie als wertvollen Lebensraum für Seevögel zu erhalten und zu betreuen. Der Vorsitzende Uwe Schneider begeisterte sich für die alte Villa und wurde 1981 mit Loki Schmidt, die an einer Naturexkursion des Vereins nach Schottland teilgenommen hatte, handelseinig. Der Verein konnte das Haus mieten und mit viel Eigenarbeit wiederherstellen. Heute werden die Ausstellungsräume im Haus und der Park mit Lehrpfad zur naturpädagogischen Erziehung genutzt, Wissenschaft und Verwaltung haben ebenso Platz unter dem alten Dach gefunden wie Kultur und junge Menschen, die in freiwilligem Einsatz die Arbeit des Vereins unterstützen. Auch die Zeitschrift „Seevögel" hat ihren Sitz im „Haus der Natur" gefunden, das der Verein mittlerweile mithilfe von Sponsoren kaufen konnte. Der Verein Jordsand betreut Seevogel- und Naturschutzgebiete in insgesamt 20 Reservaten, die wissenschaftlich begleitet werden. Dazu gehören die Inseln Neuwerk, Nigehörn, Scharhörn, die Greifswalder Oie, Teile von Helgoland, Sylt und Amrum sowie die Halligen Südfall, Habel und Norderoog. Aber auch das ehemalige Truppengelände Höltigbaum am Hamburger Stadtrand wird vom Verein betreut – hier kann man Heidschnucken die naturbelassenen Wiesen „mähen" sehen, und Führungen über das Gelände geben Einblicke in die Naturschutz-Arbeit des Vereins.

Quellennachweis

Jürgen Schwalm, »Eine Reise um das Herz - Der Schriftsteller Waldemar Bonsels (1880 -1952)

Anna Mühlberger, „Edith von Schrenck", SK Stiftung Kultur, Deutsches Tanzarchiv Köln

Christa Reichardt, „Grafen, Lehrer und Pastoren"

Norbert Fischer mit Barbara Günther, „Überleben, Leben, Erleben"

DER SPIEGEL 12/1956, „Spion bei Dottersan"

Homepage: „Bad Oldesloe macht Theater"

Wikipedia

Eckhard Moßner, Die Grabauer Chronik

Ralph Droege, „Bernd Heinrich" in: „Die Trittauer Sieben"

Gerhard Schulz, „Das blaue Haus – letzter Zeuge des mittelalterlichen Oldesloe"

Oliver Mesch, „Oscar Fadum"

Otto Griep, „Der Waldreiter", 1950

Hans-Friedrich Geist, „Carl Christian Thegen aus Oldesloe"

Archiv „Lübecker Nachrichten"

Archiv „Hamburger Abendblatt"

Archiv „Stormarner Tageblatt"

Kreisarchiv Stormarn

Stadtarchiv Ahrensburg

Amtsarchiv Trittau

Stormarner Hefte

Jahrbücher für den Kreis Stormarn

Broschüre „Schlosskirche Ahrensburg"

Schülerprojekt Stormarnschule, „Die Geschichte der Gottesbuden"

„Die letzte Masche", SPIEGEL 33/1962

Ulrich Bärwald, Chronik von Nienwohld

Rudolf Biester, „Nacktkultur in Hoisbüttel", Ammersbeker Chronik

Enno Glantz, „Glantz-Zeiten"

Dr.Dr. Axel Lohr, „Die Geschichte des Gutes Jersbek von 1588 bis zur Gegenwart"

Chronik „50 Jahre VVB"

Joachim Wergin, div. Aufsätze im „Waldreiter"

DIE ZEIT, 1956

Ernst Buchholz, „Carl Christian Thegen – ein norddeutscher Laienmaler"

Albrecht Iwersen, „Richard Kuöhl: Denkmalschaffer und Bauplastiker aus Rohlfshagen"

Führer durch das Stormarnsche Dorfmuseum in Hosidorf

750 Jahre Wulfsdorf – Ahrenburger Heft Nr. 4

Enno Vering, „C. Vering"

DANK

Ich bedanke mich für die freundliche Abdruckgenehmigung. Ich bedanke mich besonders bei den Mitarbeitern des Kreisarchivs Stormarn, die mich mit Textmaterial und Fotos sehr aufwändig unterstützt haben. Besonderer Dank gilt auch dem Trittauer Archivar Oliver Mesch für seine Hilfe, dem Schlosshotel Tremsbüttel sowie dem Verschönerungsverein Bargteheide und dem Stadtarchiv sowie dem Heimatmuseum Bad Oldesloe. Dank auch an Michaela Droege, Susanna Fofana, Wilma Griese und Enno Glantz.